责

中

国家出版基金项目
NATIONAL PUBLICATION FOUNDATION

责任中国丛书

社会组织的社会责任

主编 ○ 朱红文　作者 ○ 高宁 刘佳

山西出版传媒集团
山西人民出版社

图书在版编目（CIP）数据

社会组织的社会责任／高宁，刘佳著．—太原：山西人民出版社，2015.3

（责任中国／朱红文主编）

ISBN 978-7-203-08994-0

Ⅰ．①社…　Ⅱ．①高…②刘…　Ⅲ．①社会团体-社会责任-研究-中国　Ⅳ．①C232

中国版本图书馆 CIP 数据核字（2015）第 053555 号

社会组织的社会责任

丛书主编： 朱红文
著　　者： 高　宁　刘　佳
责任编辑： 贾　娟
装帧设计： 陈　婷

出 版 者： 山西出版传媒集团·山西人民出版社
地　　址： 太原市建设南路 21 号
邮　　编： 030012
发行营销： 0351-4922220　4955996　4956039
0351-4922127（传真）　4956038（邮购）
E - mail： sxskcb@163.com　发行部
sxskcb@126.com　总编室
网　　址： www.sxskcb.com

经 销 者： 山西出版传媒集团·山西人民出版社
承 印 厂： 山西出版传媒集团·山西人民印刷有限责任公司

开　　本： 787mm×1092mm　1/16
印　　张： 16
字　　数： 250 千字
印　　数： 1—2000 册
版　　次： 2015 年 3 月　第 1 版
印　　次： 2015 年 3 月　第 1 次印刷
书　　号： ISBN 978-7-203-08994-0
定　　价： 35.00 元

责任中国丛书·总序

社会主体的社会责任建构，是现代性进程中一个重要的理论和实践命题。

区别于传统社会对个体责任的重视，现代社会的责任问题首先是社会层面的“社会责任”。这是因为：一、由于技术和知识的复杂性越来越强，生产和技术控制管理的难度增加，组织和个体在社会生活中履行社会责任的必要性大大增加；二、人们在社会交往中的流动性和异质性增强，社会责任的建立和维持需要既复杂而又普遍的契约性和理性化机制；三、在全球化的时代，社会责任的承诺与履行是国际交往中增强互信、建立合作关系的重要基础。有怎样的责任承诺，在很大程度上决定了主体国际化的高度；是否善于表达社会责任，制约着主体国际化的广度。

社会责任作为一种公共性的价值追求和契约性（法理性）的制度建构，首先表现为企业对自身行为的反思与规范。1895年，世界上第一本社会学杂志——《美国社会学杂志》的创刊号，刊登了美国社会学界著名学者阿尔比恩·斯莫尔（Albion

W . Small)的一个呼吁，他强调不只是公共办事处，私人企业也应该为公众所信任，该文标志着企业社会责任观念的萌芽。1924 年，美国人奥列弗·谢尔顿(Oliver Sheldon)首先提出了"企业社会责任"(Corporate Social Responsibility) 一词。1953 年，美国人霍华德·博文(Howard Bowen)出版了《商人的社会责任》一书。从这时起，"企业社会责任"才真正开始作为一个专有名词进入学术界及社会公众的视野。博文也因此被称为"企业社会责任之父"。

以不断深入的对"企业社会责任"的相关讨论为标志，"社会责任"的理论研究不断发展。企业社会回应(Corporate Social Responsiveness)、企业社会绩效 (Corporate Social Performance)、企业责任(Corporate Responsibility)、利益相关者理论(Stakeholder Theory)、企业伦理(Corporate Ethics)、企业公民(Corporate Citizenship)等问题逐渐成为"企业社会责任"研究的基本维度，也成为其他组织界定自身社会责任时的重要参照。

当人类历史带着有限的辉煌与无限的困惑进入 21 世纪时，人们越来越认识到社会与自然(生态)、经济(市场)与社会、企业与社会、民族国家与全球化等等，以及与这些领域直接相关的各种知识和文化形式之间的复杂联系，意识到社会责任的问题不能归结为企业(市场)单一的社会行动主体，整个社会都必须积极参与社会责任的构建体系和行动之中。2010 年 11 月 1 日，国际标准化组织(ISO)向全球发布了历时

10年时间制定的社会责任国际标准——《社会责任指南：ISO26000(第一版)》。作为世界上最大的非政府性标准化专门机构,国际标准化组织在制定标准和规则方面,具有难以替代的专业影响力和机构权威性。引人瞩目的是,ISO26000社会责任指南试图涵盖社会诸多领域而不只限于企业，参与该标准起草和制定工作的专家被分为六个组别:消费者(Consumers)、政府(Government)、产业界(Industry)、劳工(Labor)、非政府组织(NGOs)、以及服务、支持、研究、学术等(Service,Support,Research,Academics and Others)机构。因此,ISO26000可以被视为不同利益相关方在社会责任问题上的博弈与共识。这不仅是国际标准化组织标准制定史上的重大跨越——从工程技术和管理领域的标准化向社会和道德领域的标准化迈进,而且标志着社会责任问题的全球研究在一个新的高度上开始了新的起点。

从社会责任的缘起和演化来看,概括而言,“社会责任”包括三方面的内容:

首先,社会责任是一种价值。作为社会的一种“心态”、观念和精神文化,社会责任的形成是一个教化的过程,是社会行动主体在社会化过程中对自身行动能力、社会角色和历史使命的自我认同,这种价值和精神过程在超越性的理想维度(有志于做某事)和底线的法制维度(必须做某事)之间展开,由此展现出同类主体不同层次的价值观和精神追求。

其次,社会责任是一种实践和行动过程。社会责任一方面表现为社会行动主体在社会交往中履行责任承诺的行动能力，这种能力需要锻炼，空谈责任承诺而缺乏履责能力，同样是一种不负责任的表现。一旦行动主体作出承诺而无法履责，不仅主体自身会受到质疑，而且整个社会的诚信体系也会受到损害。另一方面，社会责任展现为一种社会过程，乃至演化为蓬勃而激进的社会运动。目前，自然和生态环境恶化、生产和技术控制过程中的安全事故和责任事故频出、贫富差距扩大等社会问题日益严重，各种呼吁企业、政府、社会组织、公民以及整个社会承担社会责任的社会运动蓬勃兴起。消费者运动、劳工运动、环保运动、女权运动、社会责任投资运动、可持续发展运动等。社会责任事件和社会责任运动一方面唤醒并激发了各类社会主体的责任意识，另一方面也带来对传统和现有社会秩序和规范的强烈挑战。因此，深入的社会责任理论研究，自觉的理性的社会责任文化的构建，成为迫切的社会需要。

第三，社会责任是“社会化”的责任，是各种社会主体乃至整个人类都必须积极参与和构建的社会符号和规则体系。任何主体社会责任的模糊与缺失，都会给整个社会的价值和规则体系造成腐蚀。

因此，讨论社会责任，不仅需要讨论社会责任的基本内涵，而且需要讨论社会责任的主体（谁要承担责任）、对象（为谁承担责任）、来源（责任的合理性及合法性依据）、能力（履行责任的能力）、回馈（履行或不履行责任的后果）、冲突（责任之间的矛盾)等一系列问题。

本丛书聚焦多个不同的社会主体——政府、企业、社会组织(非政府组织/非营利组织)、高校、媒体、公民的社会责任问题。政府、企业、社会组织和公民的社会责任问题的重要性自不待言。高校是现代社会的一种独立的组织形式，是人才培养、知识创新和文化传承的“母机”。媒体构成了现代社会的重要公共领域,在思想传播、凝聚共识和舆论监督方面具有主导作用。无论是基于对现代社会运行机制的普遍性,还是基于当代中国社会转型的特殊性，对高校和媒体社会责任的讨论,都具有不可替代的价值。

希望我们的努力能够有效地推动中国社会责任研究及其实践体系的构建。

责任中国丛书主编　朱红文

目 录

引 论

本书讨论的社会组织，泛指在一定社会范围内存在的，由社会成员自发成立的各种组织形式。[①]与这一概念相关的定义包括：非营利组织、非政府组织、公民社会、公益组织等。

非营利组织（Non-Profit Organization，NPO）：指不以营利为目的、主要开展各种志愿性的公益活动的非政府的社会组织。这一概念侧重描述社会组织的利润观念，以此与企业等营利组织相区别。因此，这一概念常见于经济和财税领域。例如，美国国内税法（Internal Revenue Code，IRC）中规定："非营利组织系为组织之一种，该组织限制将盈余分配给组织的人员，如组织的成员、董事或是理事等。"该税法特别对教育、宗教、科学、公共安全等组织给予免税鼓励，因为这类组织"为公共利益服务"。同样，如果相关组织声称自己"为非营利性的或慈善性的公司"，具有公共服务使命，且其治理结构避免获得组织自我利益和个人私利，那么，该组织

①在许多关于社会组织的定义中，"社会组织"的主体被描述为"公民"。我们这里使用"社会成员"而没有使用"公民"，主要原因在于全球化进程催生出许多跨国的全球性社会组织。在这些被称为"全球公民社会"的社会组织中，其发起人不再局限于某一个国家的公民。因此，我们这里用外延更为宽泛的"社会成员"来取代通常定义中的"公民"。

将免付联邦税,或者给予该组织的捐赠能够获得税收减免。

非政府组织(Non-Governmental Organization, NGO),指在正式的国家机关之外,追求公共目标而不是致力于自身分配利润的社会组织。早在1945年的《联合国宪章》中就使用了这一概念:"经济暨社会理事会得采取适当办法,俾与各国非政府组织会商有关本理事会职权范围之事件。此项办法得与国际组织商定之;并于适当情形下,经与联合国会员国会商后,得与该国国内组织商定之。"概括而言,如果说"非营利组织"强调的是社会组织与企业的区别,那么"非政府组织"则强调社会组织与政府的区别。

第三部门(Third Sector),是指在政府和市场之外,从事政府和企业不愿意做或做不好的社会组织。持该概念的学者认为,作为"第三部门"的社会组织将在21世纪的社会治理和秩序建构中发挥不可忽视的作用。例如,德鲁克认为:"知识社会必然是由三大部门组成的社会:一为公共部门,即政府;另一为私人部门,即企业;还有一个为社会部门。"①

公民社会(Civil Society),是指社会组织的主体是公民,特征是公民自治、志愿参与和民主治理。如果说前面三种定义是以不同社会领域来界定的话,那么"公民社会"则是从主体角度来描述社会组织。但是,公民社会的概念在政治哲学领域使用已久、争论甚广,因此,"公民社会"的概念在内涵和外延上更为宽泛。事实上,从目前文献来看,当学者试图在政治哲学层面讨论社会组织时,他们往往使用"公民社会"概念及其相关文献;当学者在公共管理或社会治理层面讨论社会组织时,他们往往使用"社会组织"概念及其相关文献。

---

①德鲁克:《大变革时代的管理》,上海译文出版社1999年版,第201页。

此外，关于社会组织，我们还可以看到其它概念，如：公益组织(Philanthropy)，特指社会组织中那些为非特定的多数受益者提供公益服务的组织；草根组织(Grass Roots Organization GRO)，特指社会组织中的基层民众组织；以及非营利部门(Non-Profit Sector)、非政府公共部门（Non-Governmental Public Sector）或者独立部门(Independent Sector)等。

在以上概念中，最常见的就是"非营利组织"和"非政府组织"。相比而言，本书之所以采用"社会组织"这个名称，是因为在概念上，"非 **"是一个过于消极的名称，它仅仅告诉我们这些机构不以营利为目的，或与政府不同。社会组织既不提供商品，也不提供政策；那么，社会组织在积极意义上究竟是什么？这就是本书要讨论的社会组织的社会责任问题。

责任，是一个主体性的概念。例如，我们只会尽力为一个刚刚出生的婴儿提供更多的权利，而不会要求婴儿承担什么责任，因为他 / 她还不是一个主体。可以说，责任是一个主体成熟的标志。

康德认为，伦理学的核心是责任。责任是人出于对规律敬畏的行为必要性。康德根据谁提出责任，谁就受此责任约束的关系揭示出权利义务存在的三种类型：有权利无义务(责任)，这是属于神的；有义务(责任)而无权利，这是属于奴隶的；既有权利也有义务(责任)，这是属于人的。这种区分是极富启发意义的。

现实生活中往往流行一种有害的观点，以为责任就是一种最低限度的"底线伦理"。这恰恰是现代相对主义文化的弊病所在。在一种"怎么都行"、"存在即合理"的氛围中，人的权利被过分地个体化和理想化，而作为权利之对应的责任却被淡化。行为从强制性的"无限责任"、"戒律"和"绝对义务"中解脱出来，自我牺牲的观念非法化；没有人被激励或者愿意使自己达到道德的最高目标；政治家为乌托邦付出了代价，原来的理想主义者也变得务实了；最普通的口号就是“不可越界”。这样一个“后责任时代”仅仅承认一种发育最不完全的、“最低限度”的道德，于是，主体常常彻底滑落到没有责任的行列之中，崇高受到讥讽、神圣凌受亵渎、理想遭到虚化。[①] 因此，“只要自由、权利而不要责任会造成众多罪恶假‘自由’之名以行之的灾难；而‘责任感’的无限膨胀也会导致侵害他人的自由，造成众多罪恶假‘责任’之名以行之的悲剧。”[②]

本书关注社会组织的社会责任，归根到底，是为了建构社会组织的主体性。这不仅是西方反思现代语境中的核心命题，也是中国社会转型与社会发展语境中的现实问题。

一、西方反思现代性语境中的社会组织及其责任

当人类历史进入了变幻莫测的20世纪之后，继尼采宣布“上帝死亡”、福柯宣布“人的死亡”之后，西方后现代社会理论家如波德里亚（Jean Baudrillard）等人再次宣判了“社会”的终结。“社会”的终结，意味着面对市场与国家权力的共谋，公民社会和社会组织的边缘化甚至崩溃。

波德里亚将现代社会定义为一个消费社会。“消费社会也是进行消费培训、进行面向消费社会的社会驯化的社会——也就是与新型生产力的出现以及一种生产力高度发达的经济体系的垄断性调整相适应的一种新的特定社会化模式。”[③]

①鲍曼：《生活在碎片之中：论后现代道德》，郁建兴译，学林出版社2002年版，第69页。

②许苏民：“论自由与责任——兼论反对价值相对主义和犬儒主义”，载于《福建论坛》（人文社会科学版），2001年第1期。

③【法】波德里亚：《消费社会》，刘成富、全志刚译，南京大学出版社2001年版，第73页。

消费社会意味着社会控制的一种重大转向：19 世纪的资产阶级主要关心对工人控制，而到了 20 世纪，资产阶级的焦点却转向了消费者，而消费者本身不再被允许自行决定究竟是消费与否。因为，当我们消费物品时，我们其实是在消费符号，同时在这个消费中界定我们自己。从表面上看，消费是自由的，但是，我们的需要本身却是被消费创造出来的。“就好像需要、感情、文化、知识、人自身所有的力量，都在现代生产体制中整合为商品，也被物质化为生产力，以便出售，同样的，今天所有的欲望、计划、要求、所有的激情和所有的关系，都抽象化（或物质化）为符号和商品，以便购买和消费。”[①]人们在消费中得到认同，也仅仅能够在消费中得到认同，他们可以集体性地向某个符号趋之若鹜，在这个以符号、模拟、模型占主导地位的世界里，人们很难找到“现实”或“真实”，因为所有的物品都是被建构出来的，我们被他人建构，我们也在建构他人，唯一真实的是资本和利润，唯一的标准是商品标签上的价格符号。

在这样的消费社会中，一些主要的社会因素例如阶级、种族差异等等已经消失。这就意味着，没有有质感的社会，只有统计学意义上的量化的大众，社会已经消解或“内爆”成为一些无差异的大众。大众呈现为一个无名、沉默和冷漠的人群，它已不再是“社会性”的，而是统计性的，表现他们的唯一方式就是调查。政治投票业已变成了“政治阶层各种杂技表演的公开展示，‘空洞无物’的超级再现”，而公众意见调查引导回答者再生产出民意调查者们正在寻求的东西，而并不生产自己的意见，更不会有任何社会团

①【法】波德里亚：《消费社会》，刘成富、全志刚译，南京大学出版社 2001 年版，第 1 页。

结,“社会”消逝了。

这听上去似乎是理论家的危言耸听或故弄玄虚。但是，请平心静气地想想,除了市场和国家之外,我们究竟在什么时候能够感受到“社会”的存在呢?恐怕只有在那些被市场抛弃或被国家忽略的群体,在他们的力量短暂爆发的时候,我们才真正能够觉察到“社会”的存在吧。

为什么会出现这种情况?美国社会学家布洛维(Michael Burawoy)认为,这种市场和国家的权力合谋是第三次市场化的严重后果。

第一次市场化发生于19世纪,其最重要的表现是劳动力市场化。资本可以随意雇佣和解雇劳工,而丝毫不考虑他们的生存,由此引发了社会自发的自我重构。传统意义上的共同体被破坏,作为劳动的物质承载者的工人逐渐形成自己的社会组织，例如工会、地方组织、协作团体等,为了自己的利益而斗争。政府作为“看不见的手”对资本的剥削置若罔闻。

第二次市场化发生于20世纪上半期,其最重要的表现是资本市场化,货币成为了不受限制的市场交换的主体,政府开始注重控制资本,一方面保护民族国家不受国际货币市场的影响,另一方面注重保护劳工权利,构筑社会权利的保护措施,包括失业救济、最低工资、退休金、教育以及社会福利。

但是,到了20世纪70年代,在全球范围内出现了第三波市场化。市场行为拓展到了各个领域,从每个人的身体到人类共同的自然,都因彻底的消费化和符号化而濒临解体。经济被置于民主政治之上,市场利益被置于公共考量之上。尽管国家依然具有监控市场管理社会的职能,但是国家与其说是在反对市场,不如说是在保卫市场,与市场共谋的国家竭力帮助市场在全球范围内扩大势力并扩张权力。公共利益的概念以及所有社会性的事物都面临着攻击，因为它们有损于获取利润的旨趣，限制了市场身份、价值和关系的扩张以及可能性。民主价值开始屈从于经济价值，公司利益开始形塑着政治的旨趣，而不是接受政治的规范控制。“市场领域之外的政治变得难以想象了，这就是因为市场一心寄希望于这样一种机制，其标志就是肆无忌惮的自私自利以及与伦理考量无关的价值体系。”[①]就这样，工会要么衰落了，要么被收买了，劳动者的经济利益和政治地位下降了，社会保障和福利逐渐收缩，在反抗前两波市场化过程中形成的劳工组织形同虚设，社会的权利和人的尊严同时遭到了严重挑战。[②]

谁能够成为对抗第三波市场化的中流砥柱？一些学者寄希望于公民社会，即“包括带有集体自我调节手段的社团，借集体意志形态而得到表达的运动，以及彼此承认和沟通的公共性。”[③]例如，英国著名学者吉登斯(Anthony Giddens)认为，应该寻求“一种在存在社会整体关怀和目标的环境下，寻求使个人和团体完成任务，而不是国家为他们完成任务的政治”，[④]以此修复被破坏了的团结，修复被极端利己主义破坏了的社会关系以及家庭关系，并重构个人生活与集体生活的关系。德国著名学者贝克(Ulrich Beck)认为，个人必须重返社会，即“从下方形塑社会”，在政府与市场之间形成一个亚政治领域。

---

①【美】吉鲁：《教师作为知识分子》，朱红文译，教育科学出版社 2008 年版，中文版序，Ⅱ。

②【美】布洛维：《公共社会学》，沈原等译，社会科学文献出版社 2007 年版。

③【美】布洛维：《公共社会学》，沈原等译，社会科学文献出版社 2007 年版，第 58 页。

④【英】吉登斯：《超越左与右》，李惠斌、杨雪冬译，社会科学文献出版社 2000 年版，第 15 页。

"'亚政治'这个概念指的是外在于并超越国家——政府政治体制的代表性制度的政治。它关注的焦点在于一种(最终是全球的)倾向于将社会所有的区域纳入行动中的政治自我组织符号,亚政治意即'直接'政治——即特有的对政治决策的个人参与,绕过代表性的意见形成的机构(政党、议会)。"①作为亚政治的后果,从前没有卷入实质性的技术化和工业化过程的团体,有了越来越多的机会在社会安排中取得发言权和参与权。

但是,社会组织在历史上由来已久,可是为什么在现实中尚未发挥抵抗第三次市场化的作用呢?20世纪60年代以来,诸如女权运动、生态运动、民权运动等西方各种"新社会运动"为什么没有在根本上阻挡市场与政府的合谋呢?布洛维清醒地意识到,就目前的情况而言,西方公民社会自身的缺陷并不能保证它能够担负起抵抗国家专制和市场暴政的力量,因为,公民社会自身毋宁说是充满着"分裂"或"破碎"而不是充满着所谓的"多元"。例如种族歧视、性别歧视以及由全球化所引发的民族国家冲突,使得公民社会自身呈现为一个充满竞争的场域。社会不再呈现为团结的组织化的不同阶级,而是呈现为不同的阶层。这些阶层作为市场与国家的衍生品,并不具有独立的"社会性"。众声喧哗使得公共话语嘈杂不清,人们最渴望听到的声音不是来自于社会的共识,而依然寄希望于市场或国家的指示。这就是公民社会的"空心化",使得社会在抵抗来自市场与政府的权力入侵时显得软弱无力。因此,布洛维的公共社会学说到底就是要借社会组织之"体","还"他们心目中的公民社会之"魂"。作为被吉登斯、贝克等人寄予厚

①【德】贝克:《世界风险社会》,吴英姿、孙淑敏译,南京大学出版社2004年版,第50页。

望的社会组织，至今并不是一个既成的存在，而是一个有待生成的主体。社会组织的社会责任，依然需要重新定义或诠释。

二、中国社会转型与发展中的社会组织及其责任

在中国历史上，社会组织并不是一个新鲜事物。传统的商会、行会以及民间慈善组织，都是中国社会组织的典型存在形式，千百年来传承着中国社会组织的价值理想和实践智慧。但是，本书所使用的“社会组织”这一概念，在党和国家文件中的正式使用，始见于2006年10月中共十六届六中全会。这次会议上通过了《关于构建社会主义和谐社会若干问题的重大决议》，第一次系统阐述“健全社会组织、增强服务社会功能”的相关思想：

“坚持培育发展和管理监督并重，完善培育扶持和依法管理社会组织的政策，发挥各类社会组织提供服务、反映诉求、规范行为的作用。发展和规范律师、公证、会计、资产评估等机构，鼓励社会力量在教育、科技、文化、卫生、体育、社会福利等领域兴办民办非企业单位。发挥行业协会、学会、商会等社会团体的社会功能，为经济社会发展服务。发展和规范各类基金会，促进公益事业发展。引导各类社会组织加强自身建设，提高自律性和诚信度。”①

尽管这段文件提出“培育发展”和“管理监督”并重，并对社会组织的社会功能作出较为全面的概括，但是，从文件整体来看，对社会组织加强“管理监督”的要求还是要重于培育发展和鼓励扶持政策。我们从中共十六届六中全会一个月后的全国政法工作会议上不难看出当时党和国家对社会组织所持有的倾向性。

---

①《中共中央关于构建社会主义和谐社会若干重大问题的决定》，见《十六大以来重要文献选编》（下），中央文献出版社2008年版，第663—664页。

“我国社会的空前变革，使社会管理的对象、范围、体制发生了根本变化，大量的‘单位人’变成‘社会人’，各种新的行业、新的组织、新的群体不断涌现，传统管理模式和方法受到挑战。这就要求我们改进社会管理思路，研究管理规律，创新管理体制，确保管理到位、管理有效。根据现阶段的实际，改进社会管理的重点，是加强对‘社会人’、社会组织和虚拟社会的管理。改进社会管理的思路，就是要把各种人群的组织隶属关系理清楚，把各种社会组织的属性理清楚，把各自的管理责任理清楚，把管理措施跟上去，从而把每个人都归属到各种社会组织之中，把各种新的组织都纳入有序管理之中。对这些问题，既要发挥政法机关的职能作用，更要充分发挥各方面社会管理资源的作用。……对来华的境外非政府组织、国内的民间组织、新兴的社会组织，……要实行‘谁主管、谁负责；谁审批、谁管理；谁登记、谁管理’。”①

从这段讲话中不难看出，一方面，党和国家清醒地意识到大量社会组织产生的社会背景和发展趋势，及其对传统的社会管理和社会秩序提出的挑战；另一方面，尚未真正理清社会组织的内涵、外延和类型，仍然同时使用“民间组织”和“社会组织”这两个概念，而且并没有充分认识到社会组织在社会管理中的积极作用。社会组织仍处于被管理的“被动地位”。

2007 年 10 月，中国共产党第十七次全国代表大会召开。胡锦涛在大会报告中再次提及社会组织。在报告的第八部分，即“加快推进以改善民生为重点的社会建设”部分，关于社会组织只有一句话，“重视社会组织建设和管理”。但是，十七大报告改变了之前

---

①《政法机关在构建社会主义和谐社会中担负重大历史使命和政治责任》，见《十六大以来重要文献选编》（下），中央文献出版社，2008 年版，第 775—776 页。

将社会组织局限于社会管理领域的认识。在报告的第六部分，即“坚定不移发展社会主义民主政治”部分，报告提出：“发挥社会组织在扩大群众参与、反映群众诉求方面的积极作用，增强社会自治功能。”这就意味着，社会组织不仅仅是社会管理领域的重要力量，而且对于社会主义民主建设具有重要责任。如果我们借用后来常说的经济建设、政治建设、文化建设、社会建设、生态建设五大领域的划分，那么不难看出，国家高层对社会组织的定位不再局限于社会建设领域，而是将其功能扩展到政治建设领域。

这一认识上的深刻变化迅速在政治建设和社会建设领域产生影响。在政治建设领域，为了全面落实依法治国基本方略，加快建设法治政府，2008 年 5 月 12 日，国务院出台《关于加强市县政府依法行政的决定》。《决定》特别指出，增强社会自治功能对于建设法治政府具有重要意义。《决定》第二十五条要求：

“充分发挥社会组织的作用。市县政府及其部门要加强对社会组织的培育、规范和管理，把社会可以自我调节和管理的职能交给社会组织。实施社会管理、提供公共服务，要积极与社会组织进行合作，鼓励，引导社会组织有序参与。”①

这就再次明确了社会组织的功能定位。社会组织承担着社会自我调节和管理的职能，是建设法治政府的重要依靠力量。在此，“大社会、强政府”的社会治理思路逐渐显现。

在社会建设领域，2010 年 2 月 4 日，国务院总理温家宝在省部级主要领导干部“深入贯彻科学发展观，加快经济发展方式转变”专题研讨班上的讲话中指出，改革开放以来，与经济体制改革

①《国务院关于加强市县政府依法行政的决定》，见《十七大以来重要文献选编》(上)，中央文献出版社，2009 年版，第 421 页。

相适应，我国社会事业领域的改革也一直在向前推进，并取得了重要进展。其标志就是打破了过去完全由国家经办的体制，调动了社会积极性。但是，总的来看，我国事业领域的改革开放仍然相对滞后。“比较突出的问题是：政府责任不到位和包揽过多同时并存，该管的没有管到位，该放的没有真正放下去，发挥市场机制、社会资本和民间组织的作用不够，调动各方面积极性的体制机制不健全，社会事业发展的活力不足。”[①]温家宝指出，社会事业涉及人民群众基本需求和普遍公共利益，公益性是其基本特征。社会事业的公益性一旦受到损害，人民群众的基本需求和权益就得不到保障，社会就会失去起码的公平和正义。温家宝强调，社会事业改革的一项重点工作就是：

“把应该由社会和市场发挥作用的真正交给社会和市场。社会需求总是呈现多层次性和多样性。怎样确定政府的责任范围、划分政府与市场的界限，这是社会事业领域改革必须明确的一个问题。当前各方面反映公共服务领域政府包揽过多，社会资本进入难。政府把责任和保障面定得过宽，不仅会降低保‘基本’的能力和水平，还影响社会各方面参与发展社会事业的积极性和活力。各项社会事业都应当区分‘基本’和‘非基本’。‘非基本’的社会事业交给社会和市场，通过发展相关产业、满足多层次、个性化的需求，政府要履行监管责任。现在看，政府办了许多应当交给市场和社会办的事。……思想要解放一点，胆子要大一点，步子要快一点。在社会事业所有领域，都要进一步放宽准入，调动全社会参与的积极性。这样不仅可以为社会资本开辟更大的投资空间，利用

①温家宝：《关于发展社会事业和改善民生的几个问题》，见《十七大以来重要文献选编》（中），中央文献出版社，2011 年版，第 493 页。

社会资本加快社会事业的发展，同时也有利于政府集中力量办好该办的事情。”①

同时，温家宝强调，即使是由政府保障的基本公共服务，也要深化改革、提高绩效。在服务提供上，应该更多地利用社会资源，建立购买服务的机制。要鼓励社会资本投资建立非营利性公益服务机构。各类社会机构和企业愿意参与基本公共服务的，只要具备资质、符合条件，就应当鼓励进入。政府择优为人民群众购买服务，基本公共服务领域就会逐步形成有序竞争和多元化参与的局面。这样就能有效动员和综合利用社会资源来加强和改善基本公共服务，提高服务质量和效率。

这篇讲话的重要意义不仅在于充分认识到社会组织发展缓慢，是当前社会事业建设的重要瓶颈；更重要的意义在于，它提醒省部级负责干部，在繁荣社会事业方面，非政府性的社会组织与政府不是对立的，而是统一的。西方传统政治哲学中关于社会与政府（或国家）的二元对立在中国并不适用。在中国社会转型时期，社会组织与政府只是手段和功能上的不同，但是二者在最终价值目标和社会责任方面都是一样的，都是为了提供公共保障、繁荣公共服务、发展公共事业。只有双方密切合作，才能为人民群众提供有效的、高效的社会服务和社会保障。

2011年2月19日，中共中央首次以“社会管理及其创新”为主题举办省部级主要领导干部专题研讨班。胡锦涛在研讨班上指出：当前社会组织的发展状况是，各类社会组织快速增多，大多数社会组织在经济、社会、文化、教育、科技、卫生等领域发挥着积极

①温家宝：《关于发展社会事业和改善民生的几个问题》，见《十七大以来重要文献选编》（中），中央文献出版社，2011年版，第494—495页。

作用，但发展培育不足、规范引导不够、结构和分布不合理问题很突出。“要推动社会组织健康有序发展，坚持一手积极引导发展、一手严格依法管理，形成统一登记、各司其职、协调配合、分级负责、依法监督的社会组织管理体制，重点培育和优先发展经济类、公益慈善类、城乡社区社会组织和民办非企业单位。”[①]这段讲话的创新之处在于，将社会组织的功能定位不再限于社会建设和政治建设，而是进一步扩大到经济建设领域，注重发挥社会组织在保障和改善民生方面的积极作用。

至此，我们不难看出，在中国社会转型与发展的语境中，社会组织不再仅仅是一个必须被“管理”的新兴社会现象，而是一个将在社会治理中发挥重要作用的社会主体。社会组织的社会责任已经涉及到经济、政治、文化、社会建设的各个领域。

三、探究社会组织的社会责任的视角

改革开放以来，学界对社会组织的研究，几乎是随着社会组织的发展而不断深入的。不同视角的各类代表性的作品不断涌现。例如，20世纪90年代浙江人民出版社组织出版的“第三部门研究丛书”，以秦晖、王绍光、康晓光等人撰写的《政府与企业以外的现代化——中西公益事业史比较研究》、《多元与统一——第三部门国际比较研究》、《权力的转移——转型时期中国权力格局的变迁》等作品，至今仍是社会组织相关研究领域的重要参考书。新世纪以来，以王名及其创办的清华大学NGO研究中心为代表的一大批学者及研究机构，将关于社会组织的研究不断推向深入并不断

①胡锦涛：《在省部级主要领导干部社会管理及其创新专题研讨班上的讲话》，见《十七大以来重要文献选编》（下），中央文献出版社，2013年版，第154页。

细化,《中国非盈利评论》等刊物成为社会组织研究领域的重要平台,《海外 NGO 丛书》拓展了我们对国外同行业发展的了解。近年来,在社会科学文献出版社出版的“蓝皮书”系列中,我们可以每年看到《中国社会组织评估发展报告》、《中国公益发展报告》等年度报告。然而,略显遗憾的是,国内很少有专门以“社会组织的社会责任”为题目的著作。这绝不是因为这个问题不重要,而是因为从社会责任的视角讨论社会组织异常复杂。这种复杂性不仅在于中国社会组织与西方社会组织在历史传统和现实语境等方面存在极大差异,还在于社会组织本身就是一个极其庞大的“大家族”。

2006 年底,中国民政部借鉴和参考联合国推荐的国际非营利组织统计分类体系,并结合我国社会组织发展的特点,将中国社会组织分为 14 个类别。分别为:(1)科技与研究;(2)生态环境;(3)教育;(4)卫生;(5)社会服务;(6)文化;(7)体育;(8)法律;(9)工商业服务;(10)宗教;(11)农村及农村发展;(12)职业及从业人员;(13)国际及涉外;(14)其他。不同类别的社会责任显然存在区别。如果我们想在一本书中分别讨论每一类社会组织的社会责任,那么最好的办法恐怕就是把每一类社会组织中典型代表的成立宣言或管理条例加以引用和分析,或者选取一些优秀典型以案例分析的方式加以推介①。

此外,2010 年底,国际标准化组织(ISO)在瑞士向全球发布了社会责任国际标准《社会责任指南:ISO26000(第一版)》,为组织(不分政府、企业、社会组织)的社会责任确定了七项原则,并划分

①例如康晓强编著的《社会组织与现代国家治理——基于案例的分析》(中国政法大学出版社 2014 年版),就是一个很好的范本。

出七大社会责任核心主题。这七大主题中的每一项又包括若干议题和行动建议。我们讨论社会组织的社会责任，也可以将这些议题和行动建议结合中国的语境分别展开。

以上两种方法都是研究社会组织的社会责任可以采用的微观视角。限于篇幅，本书将在第一章中对ISO26000加以概要介绍。而从第二章起主要采用一种宏观视角，即将中国社会组织置于社会转型特别是十八届三中全会提出的国家治理体系和治理能力现代化的大背景下加以探讨。国家治理的主体不仅包括政府，而且包括企业和社会组织，是国家、社会与市场各归其位、各尽其责、良性互动、协调耦合。社会组织涉及经济、政治、文化、生态、国际等领域，是国家治理的重要主体。社会组织能做也应该做企业和政府想做，但或者力不能逮、或者不宜直接调控、或者缺乏资源去做的事，由此显示出社会组织独特的主体责任。

本书重点讨论社会组织的经济责任、政治责任、文化责任和国际责任。尽管本书的讨论方式可能略显空泛，但是，“不谋全局者不足以谋一隅”，在一个突出“小时代”、“微时代”的今天，“大视角”和“大话语”恐怕还是有一定意义的。

第一章　ISO26000：社会责任的微观视角

作为第一个关于社会责任的国际化标准文本，ISO26000 对我们理解社会责任的内涵特别是实践要求提供了一个重要参照。无论是对于正在大步“走出去”的中国企业，还是对于需要树立负责任的大国形象的中国政府，以及蓬勃发展的社会组织而言，这一标准首先意味着一种国际社会通用话语体系。在全球化日趋深入的今天，当我们开展国际合作、交流和对话时，我们必须首先要学习和理解这一标准，了解国际大多数国家和组织对组织发展演变趋势、社会责任的价值内涵和评价规范等重要问题的普遍期望和实践行动。①

第一节　ISO26000 的产生

2010 年 11 月 1 日，国际标准化组织（ISO）在瑞士日内瓦国际会议中心向全球发布了社会责任国际标准《社会责任指南：ISO26000

①本章对 ISO26000 条文的引用，出自李伟阳、肖红军著：《ISO26000 的逻辑》，经济管理出版社，2011 年版。

（第一版）》。这版标准从研究立项到正式发布历时近 10 年。

2001 年 4 月，消费政策委员会（ISO/COPOLCO）应 ISO 理事会的要求，对社会责任国际标准的制定进行可行性研究；2004 年 6 月正式成立 ISO 社会责任工作组（ISO/WG SR）；2005 年 3 月，该工作在巴西召开第一次全体会议，确定开发 ISO26000 的任务，启动了标准的起草和制定工作。最初参与该标准起草和制定工作的国家是 43 个，最终扩展为 99 个，不仅覆盖了来自世界不同地区的 69 个发展中国家和 30 个发达国家，而且有 42 个国际组织参与其中，特别是许多长期关注社会责任问题的各类社会组织，例如联合国可持续发展中心、联合国贸易和发展会议、世界卫生组织以及经济合作与发展组织等，都表现出极高的参与热情。因此在很大程度上突破了发达国家和发展中国家的不同阵营、国别、地域和主体的限制，实现了标准制定过程中的平衡性。

2010 年 9 月 12 日，参加正式投票的成员机构以 93.5%的高赞成率通过了社会责任国际标准最终草案，11 月 1 日，ISO 的秘书长 RobSteel 亲自主持题为“启动梦想”的社会责任国际标准发布会，向全球发布《社会责任指南：ISO26000（第一版）》。

作为世界上最大的非政府性标准化专门机构，国际标准化组织在制定标准和规则方面，具有难以替代的专业影响力和机构权威性。众所周知的 ISO9000 质量管理体系标准，就是由国际标准化组织质量管理和质量保证技术委员会制定的。一般而言，国际标准化组织制定的标准主要涉及工程技术和管理领域，例如产品、材料、服务和系统等方面，为全球工程技术提供统一的技术规范。然而，ISO26000 社会责任指南试图涵盖各个方面而不仅限于企业，参与该标准起草和制定工作的专家被分为六个组别：消费者（Consumers）、政府（Government）、产业界（Industry）、劳工（Labor）、非政府组织（NGOs）、以及服务、支持、研究、学术和其他（Service，Support，Research，Academics and Others）机构。

毫无疑问，不同界别对于社会责任的理解存在差别甚至相互冲突。例如，产业界、劳工、消费者之间的矛盾是显而易见的。经过多方面的激烈博弈，ISO26000 可以被视为不同利益相关方对社会责任的共识。该标准明确指出，其适用范围无论组织类型、规模大小和行动空间，都可以适用这一标准，从而为全世界提供一个有助于实践社会责任的框架性指南，促进对社会责任的共同理解，最大化组织对可持续发展的贡献。因此，有学者认为，这是国际标准化组织标准制定史上的重大跨越——从工程技术和管理领域的标准化向社会和道德领域的标准化迈进。①

但是，由于社会、环境、法律、文化、政治以及经济条件的多样性而导致的社会组织活动的差异性，各个国家和地区的社会组织所理解和愿意承担的社会责任存在极大的分歧。例如，发达国家基于其长期的发展历史和发展优势，不仅社会各方面的基础设施和制度建设都比较完备，而且其高污染高能耗的制造业大多已经转移到贫穷落后的发展中国家。因此，这些国家实施某些国际责任标准的难度和负担相对较轻。可是，发展中国家的经济技术条件相对落后，如果执行与发达国家一样的社会责任标准，有可能在一定时期内会制约其经济社会发展。

事实上，在 ISO26000 最终草案的投票过程中，有五个国家投出反对票。这五个国家是古巴、印度、卢森堡、土耳其和美国。古巴认为将社会责任的对象范围扩大到所有组织并不合适，并且对标准中核心主题的人权部分提出异议；印度认为消费者议题的原则

①李伟阳、肖红军著：《ISO26000 的逻辑》，经济管理出版社 2011 年版，第 5 页。

不够完整准确，并且认为应删去部分内容；卢森堡对社会责任原则中的担责部分、社会责任核心主题的可读性以及组织治理问题等提出异议；土耳其对社会责任标准的可行性持怀疑态度，并对人权、劳工实践、环境、公平运营实践和消费者问题等存有异议；美国认为该标准过于冗长复杂，对于社会责任并不能起到现实的指导作用。

因此，ISO26000 没有寻求使自己成为一个以认证为目的的管理体系标准。ISO26000 对其适用范围明确指出："ISO26000 标准不试图用于也不适用于认证目的、法规和合同用途。任何进行 ISO26000 认证的提议或通过 ISO26000 认证的声明，均是对本国际标准意图和目的的错误表达及误用。既然本国际标准不包含要求，任何此类认证均不标明符合本国际标准。"在其适用范围中，ISO26000 明确指出："指南旨在促进社会责任领域的共识，并且补充社会责任的其他文件和倡议，而不是代替它们。""本国际标准无意被解读为'国际标准'、'指引'或'建议'，也无意为推测或发现某一行动符合世界贸易组织义务提供依据。并且，本国际标准也无意为法律诉讼、投诉、辩护或任何国际、国内或其他诉讼程序的其他主张提供依据，或作为国际习惯法的演变证据而被引用。"

为了表明这种非强制性，ISO26000 在英文版中并没有使用传统 ISO 标准用语中表示"要求"的词"应该"(shall)，而是使用表示"推荐"的词"宜"(should)。这些说明和修辞都旨在表明，ISO26000 并不是能够对世界各种组织构成强制约束的规则，也无意将自己对社会责任的理解作为一种普适性或权威性的界定。

中国政府对 ISO26000 的发布表示支持和欢迎。国家标准化委员会认为：在尊重多样性和差异性原则的前提下，ISO26000 的主要技术内容强调组织遵纪守法、尊重人权、关心员工、保护消费者、热心社会公益、关爱环境，为社会、经济和环境的可持续发展作贡献等，这些对于我国当前转变经济增长方式、实现经济、社会又好又快发展具有现实意义。为此，我国将根据采用国际标准的有关规定，针对我国经济、社会、文化的特点，参照 ISO26000 的内容，研究并制定符合我国国情的社会责任标准，以促进为我国企业等组织推动社会责任工作健康、有序发展提供技术支持。①

第二节　社会责任的内涵、意义及践行原则

ISO26000 对“组织”的定义是宽泛的，它将组织定义为“对责任、权限、关系作出安排并有明确目标的实体或人与设施的集合”②，并将社会责任定义为：组织通过透明和道德的行为，为其决策和活动（包括产品、服务和过程）对社会和环境的影响而承担的责任。这些行为：致力于可持续发展，包括健康和社会福祉（Social Welfare）；考虑利益相关方的期望；遵守适用的法律，并与国际行为规范相一致；融入整个组织，并在其影响范围内得到践行。③

①国家标准化委员会：《参照 ISO26000 制定符合中国国情社会责任标准》，http://chinawto.mofcom.gov.cn/aarticle/by/bz/201011/20101107229689.html

②需要特别强调的是，ISO26000 注意到政府作为组织的特殊性。ISO26000 在对组织的注释中提到：“组织不包含履行国家职能时的政府，如行使立法、执法和司法权力，为实现公共利益而制定公共政策，或代表国家履行国际义务等。”在引言中，ISO26000 同样强调：“政府组织，如同任何其他组织，可能会希望使用本国际标准，但无论如何，本国际标准并不试图替代、变更或以任何方式改变国家的义务。”

③李伟阳、肖红军著：《ISO26000 的逻辑》，经济管理出版社 2011 年版，第 76 页。

ISO26000 认为，社会责任归根到底是一种社会实践，而不是逻辑思辨；社会责任反映的是特定时期的社会普遍期望，而不是基于抽象原则所作出的逻辑推演。因此，界定社会责任，一方面不仅要考虑社会责任是什么（“what”），而且还应当包括如何实现（“how”），另一方面必须经过组织和各种利益相关方的相互博弈和妥协，并在实践中不断修正完善。因此，对社会责任的全面理解应当从以下五个方面展开：

1.社会责任是一种意愿（Willingness）

社会责任是组织能够意识到并愿意在决策中考虑社会因素和环境因素，以及组织愿意为其决策和活动对社会和环境的影响承担责任。组织的决策和活动对社会和环境有多少影响，组织就应当承担多少责任。

2.社会责任是一种行为

这种行为宜：①考虑利益相关方的期望；②遵守使用的法律，并符合国际行为规范；③融合整个组织实践，在组织的各项活动中得以践行；④致力于可持续发展。在 ISO26000 语境中，“可持续发展事关高品质生活、健康、繁荣等目标与社会公正，以及维护地球支撑生物多样性的能力”，它包括若干相互依存的社会、经济和环境发展目标，包括提升人民生活品质、维护健康与安全、服务经济繁荣、促进社会公正和保护环境。

3.社会责任是一种管理机制

为了使社会责任融入整个组织，这就必须建立一套组织管理模式：①对社会和环境的影响担责意愿，以及最大化自身对可持续发展的贡献的意愿，要成为组织远景、宗旨和目标的重要组成部分；②将社会责任融入组织战略和策略；③将社会责任融入组织日常运营、管理制度和组织文化；④系统开展履行社会责任的能力建设并就社会责任加强内部和外部沟通；⑤定期评价并持续改进社会责任行动，通过尽责审查、保证透明度、接受利益相关方监督等机制，保障社会责任意愿、原则、行为和规范得以落实，形成完整的管理闭环。

4.社会责任有不同层次

根据强制或自愿程度的不同，组织的社会责任可以分为三种层次：组织必须履行的法律责任；组织应当履行的道德底线责任，即根据特定背景而应当接受的正确行为原则和规范；组织自愿履行的道德追求，即自身对可持续发展的最大化贡献。

那么，组织为什么要践行社会责任？ISO26000认为，组织践行社会责任有四种内在动因：(1)天然的道德动力。(2)及时回应社会期望。无论是慈善活动、劳工权益、公平运营，还是发展人权、保护环境、消费者保障以及反欺诈和反腐败，社会责任都是反映了社会在特定历史时期的普遍期望。(3)发展组织与社会之间的和谐关系。一方面，社会责任是组织的类型、功能以及影响不断扩大的结果，频发的社会风险不断彰显了不同类型的社会组织的作用和价值；另一方面，社会和利益相关方对组织的关注、需求和监督日益增强，社会对组织社会责任的期望越来越高。这两方面的互相促进，要求组织不但要对其决策和行为负责，而且要求组织主动开发自身的优势和潜能，最大化自身对可持续发展的贡献。(4)符合组织自身的健康成长和可持续发展需求。

ISO26000认为，践行社会责任，对于组织自身成长和可持续发展的意义包括十个方面：(1)促进更加明智的决策，使决策建立在对社会期望、社会责任相关机遇(包括更好的法律风险管理)及对社会不负责任而引发风险的更深理解和把握的基础上；(2)改善组织的风险管理实践；(3)提高组织声誉和公信度；(4)组织运营获得社会许可;(5)促进创新;(6)提升组织竞争力,改善组织与利益相关方的关系,特别是激发员工士气和吸引员工;(7)改善员工的健康和安全状况;(8)提升资源利用效率;(9)维护公平交易和消除腐败,增强交易的可靠性和公平性;(10)预防或减少与消费者的冲突。

概括来说,就组织的生存而言,充分履行社会责任,保障和发展组织与利益相关方——诸如政府、市场、媒体、社区、员工等的关系,对于增强组织的竞争优势、核心能力和发展环境是十分重要的。就组织的发展而言,不断扩展自身的社会责任,意味着组织能够从与世界各地的个人、组织等利益相关方的沟通互动中,了解多样化和差异化的社会期望,由此获得更广泛的看待问题的视角,了解潜在的市场需求,通过不同类型和层次的目标,思考和开发更具创新性的问题解决能力。

如何践行社会责任?ISO26000 认为,组织要确保自身决策和行动能够切实承担社会责任,需坚持七项原则:

1.担责原则

组织要基于因果关系对利益相关方和社会(含环境)承担责任。只要组织的决策和行动对利益相关方和社会有影响,无论这种影响是潜在的还是实际的,组织都要对这种影响承担责任。IO26000 认为,担责原则包括四方面主要内容:①组织宜对其决策和活动对社会、环境和经济的影响,特别是造成的严重负面后果承担责任;②组织宜对为防止意外和不可预见的消极影响的重复产生而采取的行动承担责任;③管理者对组织的控制权具有承担责任的义务;④组织在法律法规方面对法定机构具有承担责任的义务。

担责原则对组织提出的要求是:①组织宜接受适当的监督,并承担对监督作出回应的义务；②组织担责宜因其决策和活动的影响性质不同和所处环境的不同而不同；③组织承担责任的程度宜始终与其拥有权限的大小或程度相匹配；④对所造成的错误承担责任，并采取适当的措施以纠正错误，以及采取行动防止重蹈覆辙。

2.透明原则

透明度是指“影响社会、经济和环境的决策和活动的公开性，以及以清晰、准确、及时、诚实和完整的方式进行沟通的意愿”①。这是社会对组织行为的重要期望，也是组织加强与社会、利益相关方的沟通，并取得信任和支持的基础。透明原则要求组织应当以清晰、准确和完整的方式，合理并充分地披露其应当负责的决策和行动对利益相关方和社会所有已知和可能的影响。组织首先要求告知影响的意愿，然后还要努力确保受影响方可知晓、可理解和可评估这些影响。

ISO26000 认为，组织宜保持透明的领域或事项包括以下方面：①组织活动的目的、性质和场所；②对组织活动中任何可控利益的确认；③决策的制定、实施和评价方式，包括确定组织不同职能部门的角色、责任、担责或权限；④组织评价其社会责任绩效的标准和准则；⑤组织在与其相关的重大社会责任议题方面的绩效；⑥组织资金的来源、规模和使用；⑦组织决策和活动对利益相关方、社会、经济和环境的已知和可能的影响；⑧组织的利益相关方，以及组织在利益相关方识别、选择及参与方面的准则和程序。

透明原则对组织提出的要求是：①合理并足够充分地披露其负责的政策、决策和活动对社会和环境的已知和可能的影响；②信

①李伟阳、肖红军著：《ISO26000 的逻辑》，经济管理出版社 2011 年版，第 80 页。

息宜及时、真实，并以清晰和客观的方式披露，特别是对那些已受到或可能受到组织重大影响的人员来说，组织所披露的信息宜是容易获取、可直接获得和可理解的；③保持透明并不要求公开披露专有信息，也不要求披露机密信息或违反法律、侵犯商业利益、危及组织安全的信息或个人隐私。

3.道德原则

ISO26000 指出，社会责任要求组织的行为必须是“道德的”。“组织行为应当符合特定背景所接受的正确或良好原则的要求。组织行为应当基于诚实、公平和正直的价值观。这些价值观意味着对人、动物和环境的关切及对重视组织活动和决策对利益相关方利益影响的承诺。”①道德原则是高于法治原则的。这就是说，组织不仅要遵守法律、恪守底线规范、回应国际共识，还应当自我约束并自觉遵循更高的道德要求。道德原则要求组织必须建立崇高的价值目标和道德行为，并将其体现在全部制度和行动中。这种道德原则的核心是对可持续发展作出最大贡献的意愿、行动和绩效。ISO26000 指出：“可持续发展是指既满足当代人需要又不危及后代人满足其需要的能力的发展。”“可持续发展是将高品质生活、健康、繁荣等目标与社会公正的融合，以及维护地球支撑生物多样性的能力。这些社会、经济和环境目标是相互依存和相辅相成的。”②

道德原则要求组织宜建立相关机制来保证价值观的践行，其中包括：①建立并运用有助于在组织内、其决策过程中及与其他

①李伟阳、肖红军著：《ISO26000 的逻辑》，经济管理出版社 2011 年版，第 80 页。

②李伟阳、肖红军著：《ISO26000 的逻辑》，经济管理出版社 2011 年版，第 80 页。

各方互动过程中推动道德的行为的治理结构；②建立并保持监控机制和控制手段，以监测、支持和强化道德行为；③建立并保持有利于举报不道德行为而无须担心遭到报复的机制。

4.利益原则

利益缘于组织决策和活动的影响。组织要从影响着手实现利益相关方的识别和参与。利益相关方对于组织建设的必要性在于：符合法律法规要求；增进组织决策和活动的有效性；协调处理组织、利益相关方与社会之间的冲突与关系；推进互利合作，特别是能够为组织带来不同视角；促进组织持续发展。判断“利益”是否真实的根本标准是，组织的决策和活动是否对其造成“影响”。由于组织行动往往涉及不同利益相关方，因此组织必须对涉及不同利益相关方的责任进行价值排序。理想状况是组织能够充分考虑到不同利益相关方所需要的产品和服务；一旦利益相关方之间发生冲突，组织不能违背更广泛的社会期望而损害组织社会责任的道德原则和总体目标，即最大化自身对可持续发展的贡献。

必须指出的是，利益相关方的确立是由于实际存在的利益，而不依赖于相关各方是否知道该利益的实际存在。正如ISO26000所指出的：“组织可能并非总是意识到它的全部利益相关方，虽然其应当试图对其认定。同样，许多利益相关方可能没有意识到组织可能潜在影响到其利益。[①]因此，有效的利益原则有一个更加根本的原则——诚信原则。无论利益相关方是否要求组织承担责任，组织都必须将其责任及时、全面地向相关方报告，以获得利益相关方的信任。

①李伟阳、肖红军著：《ISO26000的逻辑》，经济管理出版社2011年版，第81页。

ISO26000 特别强调，组织应公平公正地推动利益相关方参与。首先，组织不宜由于某个团体更"友好"或比其他团体更支持本组织目标而给予其优先权；其次，组织不宜仅因为利益相关方沉默就忽略他们；再次，组织不宜建立或扶植特定团体以造成其有对话伙伴的表面现象，其实这种人为设定的伙伴并不真正独立；最后，真正的利益相关方对话涉及独立的各方，以及对任何财物或其他类似支持的公开披露。①

5.法治原则

这是组织活动的底线，也是组织必须遵循的强制性原则。这就要求组织了解和熟知相关法律法规，并告知组织成员应当承担起遵守这些法律法规的义务。ISO26000 指出，组织践行法治原则的方式包括：①遵守组织运行所在地的所有司法管辖区的法律要求，即使这些法律法规并未得到充分执行；②确保其各种关系和活动符合所期望和适用的法律框架；③知悉所有的法定义务，这意味着组织宜采取措施以了解适用的法律法规，告知组织内成员他们应遵守的义务，并落实这些措施；④定期评价其遵守适用法律法规的情况。如果法律同道德原则相违背，组织有必要思考并积极主动地参与科学立法过程。

6.尊重国际规范原则

在理论上，尽管世界各国之间存在差异，但是差异究竟有多大？尽管以后现代思潮为代表的各种文化相对主义，都在力图证明当代世界文化和发展道路呈现出多类型、共时态并存的面貌，但是，我们不得不承认，今天的现代化无论是在广度上还是深度

①李伟阳、肖红军著：《ISO26000 的逻辑》，经济管理出版社 2011 年版，第 99 页。

上都有明显发展。政治民主化、经济市场化、价值多元化的浪潮席卷世界。可以说，在“进化论”受到强烈怀疑的同时，世界从来没有像今天这样明显地向着共同的方向发展；在社会发展规律似乎被人淡忘的今天，人们从未如此明显地感到历史发展表现出许多难以抗拒的铁律。人们经验中的当代世界也许并不像某些人所认为的充满普世规律，但也绝不像另一些所认为的毫无规律可言。在现实中，随着全球化进程的不断深入，很多组织的决策和行为已经明显地超越国界。因此，在跨国和跨文化背景下，组织就必须考虑和遵守一些必要的国际规范，即源自国际习惯法、普遍接受的国际法原则、普遍承认或近乎普遍承认的政府间协议对社会责任的共识和期望。这些国家规范的主要表现是被大多数国家所公认和遵守的国际公约。

7.尊重人权原则

任何组织行为的出发点和落脚点都是对人的尊重和实现人的价值。ISO26000 指出：组织践行尊重人权原则的方式包括：①尊重并在可能的情况下促进《国际人权宪章》所规定的权利；②尊重《国际人权宪章》所规定的权利的普遍性；③在人权无法得到保护的情况下，采取措施以尊重人权并避免利用这些情况；④在法律或其执行不能对人权提供充分保护的情况下，坚持尊重国际行为规范的原则。

第三节　社会责任的七大核心主题

具体说来，组织应考虑哪些社会责任？ISO26000 认为，组织宜考虑七大核心主题：组织治理、人权、劳工实践、环境、公平运行、消费者、社区参与和发展。

一、组织治理

组织治理是组织履行社会责任的基础和前提，关系到组织履行其他社会责任的能力。组织能否为其决策和活动承担责任，能否将社会责任融入整个组织，能否不断适应社会期望，都依赖于良好的组织治理能力。组织治理决定组织决策意愿、原则、方向和标准。因此，ISO26000 将组织治理列为组织社会责任的首要命题。

ISO26000 将组织治理定义为："组织治理是组织为实现其目标而制定和实施决策的系统"，并认为组织治理具有四个方面的特性：①组织治理作为组织的内部决策框架，是组织的核心职能；②组织治理既包括正式治理机制，又包括非正式治理机制，前者以既定的结构和程序为依据，后者与组织的文化和价值观密切相关，并受到组织领导层的影响；③组织治理是一个系统，由于组织的规模、类型及其运行所在地的环境、经济、政治、文化和社会背景的不同而不同；④组织领导层对组织治理的有效性负有主要责任。

ISO26000 认为，有效的组织治理应包括如下内容：①保证组织制定反映其社会责任承诺的战略、目标和指标；②保证组织的领导层对社会责任作出承诺并担责；③保证组织营造并培育社会责任原则得以落实的组织环境和文化，这是保证组织承担社会责任的长效机制；④保证组织创建与社会责任绩效相关的经济和非经济激励制度，以此推动组织不断提升社会责任绩效；⑤保证组织有效利用各种财务资源、自然资源和人力资源；⑥为代表人数不足的群体（包括妇女、种族和群族）在组织中担任高级职位创造公平的机会，从而推动组织更好地公正地为社会作出贡献；⑦平衡组织与利益相关方的需要，特别是平衡当前社会的需要和后代人的需要；⑧保证组织透明度，建立与利益相关方的双向沟通程序，确定具有共识和存在分歧的领域，通过对话和协商解决可能的冲突；⑨通过有效的制度安排，鼓励各层次雇员有效参与组织的社会责任活动；⑩鉴于组织开展社会责任活动的主体是人，组织的领导层或高层决策人员能力高低对组织履责能力与绩效具有重要影响，因此，组织决策程序和结构要能够保证决策人员的能力，与其所拥有的权力和所肩负的责任相匹配；⑪及时跟踪并科学评价组织的决策和活动的结果，确保组织落实决策的方式是对社会负责任的；⑫保证组织治理得到持续改进，保证组织可持续发展。

二、人权

人权是社会责任的基本内容。广义的人权分为两类，一是公民权利和政治权利，包括生存权、自由、法律面前人人平等和言论自由等权利；二是经济、社会和文化权利，包括劳动权、食物权、最大限度获取健康的权利、教育权和社会保障权等权利。组织担负着尊重人权的责任，包括在其影响范围内尊重人权。

ISO26000 认为，关于人权的社会责任主要涉及八个问题：

1.尽责审查：为了最大化组织对尊重人权和实现人权的贡献，组织有责任认真审查决策和活动对尊重人权和实现人权的潜在和实际影响——既包括积极影响，也包括消极影响，并评估和衡量与自身活动有密切关系的其他组织或个人的行动对尊重和实现人权造成影响的可能性，特别是要防止和处理消极影响。

2.人权风险状况：ISO26000 认为，可能存在的人权风险包括如下情况：①冲突或政治极端不稳定，民主或司法制度失败、政治权利或公民权利缺失;②贫困、干旱、卫生方面的极端挑战或自然灾害;③参与可能显著影响诸如水、森林或大气等自然资源或破坏社区的开采或其他活动;④运行地点靠近原住民社区;⑤可能影响或涉及儿童的活动;⑥腐败文化;⑦涉及缺乏法律保护的非正规工作的复杂价值链;⑧对采取全面措施确保房产设施和其他资产安全的需要。

3.避免同谋:ISO26000 认为,“同谋”包括三种形式:一是直接同谋,即组织有意地协助侵犯人权行为;二是受益同谋,即组织或附属机构从他人的侵犯人权行为中直接受益,例如组织容忍安保力量镇压反对其决策和行动的和平示威活动;三是沉默同谋,即组织未能向有关当局指出持续侵犯人权的制度性问题,例如未指出就业法规中针对特殊群体的制度性歧视问题。[①]为了避免出现同谋的可能性,ISO26000 认为,组织宜做到:①不向任何实体提供用来侵犯人权的物品或服务;②不与在伙伴关系中或在合同执行过程中侵犯人权的合作伙伴达成正式或非正式的伙伴关系或合同关系;③了解所采购产品和服务是在何种社会和环境条件中生产出来的;④确保不参与将人们从土地迁走的同谋行动,除非这种迁移符合国内法律和国际规范;⑤考虑发出公开声明或采取其他行动,表明对侵犯人权的零容忍,例如在所涉及国家中的雇佣歧视行为;⑥避免与参加反人权活动的实体建立联系。

4.处理诉讼:ISO26000 认为,当发生人权争议时,组织宜建立有效的申诉机制,并为遭到侵犯的人员建立补救机制。为了使这种补救机制能够发挥应有的作用,ISO26000 指出,机制应具备如下条件:①合法;②可获得,即公布申诉程序的存在,并向受害方

①李伟阳、肖红军著:《ISO26000 的逻辑》,经济管理出版社 2011 年版,第 123 页。

提供充分帮助，因为他们可能面临诸如语言、文化、财力、距离、残疾或担心遭到报复等障碍；③可预测，宜明晰申诉程序及其能够提供和无法提供的结果，明晰落实申诉结果的监督方法，并且保证程序中的每个阶段有明确的时间框架；④公正；⑤权利兼容，即机制的结果及方法符合国际认可的人权标准；⑥透明，尽管有时需要保密，但是过程和结果宜充分开放，以接受公众监督；⑦基于对话和协商。

5.禁止歧视而应帮助弱势群体：在禁止歧视方面，ISO26000认为，组织宜注意确保不歧视其雇员、伙伴、顾客、利益相关方以及任何与组织有联系或可能受影响的人，宜帮助其活动所涉及的其他方担负起防止歧视的责任，并且努力纠正现有或历史遗留的歧视问题；在帮助弱势群体方面，ISO26000认为，组织宜考虑帮助弱势群体成员提高对其权利的认识，针对不同的弱势群体，尊重、维护、促进和实现其人权。此外，ISO26000特别指出，组织宜尊重多样性，以积极和建设性的眼光看待与其交往人群的多样性，并且考虑通过对多样化的人力资源和人际关系的充分开发以实现增值，增加组织自身的运行收益。

6.尊重每个人的公民权利和政治权利。公民权利和政治权利包括诸如生命权、有尊严的生活、免受酷刑权、人的安全权、个人财产权、个人自由和尊严，以及面临犯罪指控时享有的法律程序权和公正的听证权等绝对权利。这些权利还包括：言论和表达自由，和平集会和结社自由，宗教自由，信仰自由，免受随意干涉隐私，家庭、住所或通信、荣誉或声誉免受攻击，公共服务获取权和参加选举权等。

7.尊重每个人的经济、社会和文化权利。这些权利包括：教育；在公正和有利的条件下工作；结社自由；充分的健康标准；充分满足本人及其家庭的身体、精神健康和福利的生活水平；食物、衣服、住房、医疗保险和必需的社会保护，以及在诸如失业、生病、残障、丧偶、年老或其他个人无法控制的丧失生计等情况下的保障；宗教和文化信仰；以及确保有机会不受歧视地参与有关上述权利的决策，以支持积极做法或阻止消极做法。ISO26000认为，为了尊重这些权利，组织宜采取以下行动：第一，开展尽责审查，以确保不参与破坏、阻挠或妨碍个人享有经济、社会和文化权利的活动。例如，组织宜评估其决策、活动、产品和服务及新项目，对享有这些权利，包括当地人群享有这些权利的可能影响。第二，在区分政府和其他组织在提供这些权利各自有着不同作用和能力的同时，组织应致力于保障每一个人的经济、社会和文化权利的落实。例如，组织应考虑：①便于社区成员享有教育和终生学习的权利，并在可能时提供支持和设施；②与其他组织和政府机构联合，以尊重、支持并实现经济、社会和文化权利；③结合自身核心活动探究有利于落实这些权利的方法；④组织提供的产品或服务能够与贫困群体的购买力相匹配。

8.尊重和维护工作中的基本原则和权利。这些基本原则和权利包括：①结社和集体谈判的自由。例如，工人和雇主宜毫无区别地有权利制定组织规章；工人建立或参加的代表组织参与集体谈判时宜获得承认；工人代表宜获得适当的设施，以使他们能够有效开展工作，并允许他们不受干涉地发挥作用；组织宜为工人代表提供有效谈判所需信息。②杜绝强迫劳动。任何工作或服务都不宜在惩罚威胁下或在不自愿情况下进行；组织不宜参与使用强迫或强制劳动，或从中受益；组织不宜参与监狱劳动或从中受益，除非囚犯已被法院判定有罪，并且其劳动是在公共当局的监督和控制之下。③杜绝童工劳动。如果组织的自身运行或影响范围内存在使用童工的现象，那么组织不但应尽一切可能确保把儿童从工作中解放出来，而且要为儿童提供教育机会。④机会平等和非歧视。组织宜确认其雇佣政策不存在基于种族、肤色、性别、宗教、民族来源、社会出身、政治意见、年龄或残疾的歧视；组织宜采取举措以防止工作场所的权利侵犯，例如定期评估组织政策和活动对促进机会平等和非歧视的影响；采取积极行动为弱势群体提供保护和改进措施等。

三、劳动实践

劳动实践之所以被ISO26000列为社会责任的核心主题，其理由是：

1.创造就业并支付工资和其他劳动补偿，是组织最重要的经济和社会贡献。就业的缺乏是造成社会问题的重要原因。组织努力促进男女获得体面和生产性的工作，是组织致力于可持续发展，最大化自身对可持续发展的贡献的重要内容和方式。

2.劳动实践对尊重法治、维护正义、稳定秩序和繁荣经济具有重大影响。正如2008年国际劳工组织（ILO）发布的《关于争取公平全球化的社会正义宣言》所指出的："考虑到目前以新技术的扩散、思想的传播、货物和服务的交流、资本和金融流动的增加、商业和商业进程的国际化，以及人员尤其是工作妇女和男子的流动为特点的全球化框架，正在以深远的方式改造着劳动世界：一方面，经济合作和一体化进程曾帮助一些国家从高速增长和就业创造中获益，将许多农村贫困者纳入现代城镇经济，推动其发展目标，以及促进在产品开发和观念交流方面的创新；另一方面，全球经济一体化也造成许多国家和部门面临收入不平等的重大挑战，失业和贫困的持续高水平，经济对外来冲击的脆弱性，影响到雇佣关系等。在上述情况下,为满足对社会正义的普遍渴望,实现充分就业,确保开放型社会和全球经济的可持续性,实现社会凝聚力,以及与贫困和日益增长的不平等作斗争,实现一种对所有人来说皆为得到改善和公平的结果,已变得比以往更加必要。”

ISO26000 认为,组织的劳动实践主要包括两方面内容:一是与工人工作相关的政策和做法,包括:工人的招聘和晋升,纪律和投诉程序,工人的转移和再安置,终止雇佣,培训和技能开发,健康、安全和卫生,影响工作条件的任何政策和实践,特别是劳工时间和报酬。二是与工人组织相关的政策和做法,包括承认工人组织及其代表性,以及工人组织和雇主组织参加集体谈判、社会对话和三方协商,以解决与就业相关的社会问题。

ISO26000 认为,当组织在处理与劳动实践相关的主题时,宜遵循以下原则:第一,坚持劳动不是商品的根本原则,即不宜将工人视为生产要素,也不能使工人屈从于商品市场力量。第二,坚持保护工人的基本权利,例如《世界人权宣言》所规定的“人人有权工作、自由选择职业、享受公正和合适的工作条件并享受免于失业的保障”,“人人有同工同酬的权利,不受任何歧视”,“每一个工作的人,有权享受公正和合适的报酬,保证使他本人和家属有一个符合人的生活条件,必要时并辅以其他方式的社会保障”,“人人有为维护其利益而组织和参加工会的权利”,“人人有享有休息和闲暇的权利,包括工作时间有合理限制和定期给薪休假的权利”等。[①]第三,政府承担保障工人公平待遇的首要责任。这需要通过制定并执行与《世界人权宣言》符合适用的国际劳工标准的立法,建立并资助国家劳动监察制度等途径来实现。但是,在立法不

①《世界人权宣言》,参见 http://www.un.org/zh/documents/udhr/。

完备和执法不充分的情况下，组织也有责任维护劳工实践的权利。

ISO26000认为，关于劳动实践的社会责任主要涉及五个问题：

1.就业和雇佣关系。其中包括：不寻求通过隐瞒根据法律规定本应形成的雇佣关系来逃避法定的雇主义务；采取积极的劳动计划，避免利用非固定工作或过度利用临时性工作，除非工作的性质是真正短期性的或季节性的；在运行发生变化时，如会影响到就业的工厂关闭，宜合理公告、及时发布信息，并在有工人代表参与的情况下与其共同考虑如何最大限度地减少消极影响；消除随意性或歧视性的解雇行为；保护工人的个人信息和隐私等；采取措施确保只把工作承包或分包给合法组织，或有能力并愿意承担雇主责任且能提供体面工作条件的组织。组织宜只使用合法的劳动力中介机构和那些通过其工作安排能使完成工作的人获得合法权利的组织；不从其合作伙伴、供货商或分包商，包括家庭工人的不公正、剥削性或侵权性的劳工实践中获益；当进行国际运行时，宜努力促进所在国国民的就业、职业发展、晋升和进步，这包括在可行时通过当地企业来进行采购和分销。

2.工作条件和工作保护。工作条件是指工资和其他形式的补偿、工作时间、休息时间、节假日、纪律和解雇、生育保护和一些福利事宜，如安全饮水、卫生、食堂和获得医疗服务等。社会保护涉及的是减少因工伤、疾病、生育、抚育子女、老年、失业、残疾或经济困难而导致的收入下降或丧失，以及提供医疗保健和家庭福利。

ISO26000认为，社会组织在处理工作条件和社会保护议题时，宜采取的行动包括：确保工作条件符合国家法律法规；尊重诸如集体协议等其他具有法律约束性的适用文件所确定的更高水平的规定；在国内尚未通过相关立法的情况下，至少遵守国际劳工标准所确定的最低标准规定；为所有工人提供能够最大限度地实现工作与生活相平衡的工作条件，并且所提供的工作条件宜与当地类似雇主相当；组织支付的工资宜至少足以满足工人及其家庭的生活需要，为此，组织宜考虑该国总体工资水平、生活成本、社保津贴及其他社会群体的相对生活水平，还宜考虑经济因素，包括经济发展要求、生产力水平，以及为实现和保持高就业水平而创造有利条件；组织宜按照国家集体谈判制度，与工人及其代表，特别是工会开展集体协商；尊重工人的家庭责任，以便工人实现恰当的工作—生活平衡。

3.社会对话。社会对话是指“政府代表、雇主代表和工人代表就经济和社会政策方面共同感兴趣的事宜进行双方或三方的协商、磋商或简单的信息交换”①。这些感兴趣的事宜可以是就立法和社会政策等更广泛的问题进行对话。ISO26000 认为，社会对话在许多国家的产业关系、政策制定和国家治理中发挥着重要作用。有效的社会对话不仅是鼓励工人参与并在组织运营中贯彻民主原则的重要体现，有助于改善劳资关系，减少成本高昂的产业争议，是开展和应对管理变革的有力手段，而且有助于保证社会稳定和繁荣，维持社会公平公正，增强社会的凝聚力和向心力。ISO26000 特别指出，社会对话过程会涉及争议，当事各方可建立一种争议解决程序，建立投诉机制。

4.工作中的健康与安全。ISO26000 指出，组织在处理该议题宜采取的行动包括：①确保组织拥有并落实高水平的职业健康安全政策、原则和装备；②确保组织能够全面、有效地识别职业健康安全风险，包括记录并调查所有健康与安全的事件和问题，从而减少或消除类似事件和问题的重复发生，努力消除工作场所中可能

①李伟阳、肖红军著：《ISO26000 的逻辑》，经济管理出版社 2011 年版，第 147 页。

促成或导致紧张和疾病的社会心理危害等措施；③确保组织能够充分发挥工人的主体作用，将健康、安全和环境体系建立在工人参与的基础上，承认和尊重工人权利。

5.工作场所中的人的发展与培训。ISO26000 认为，人的发展包括两个层面的含义：一是通过提升人的能力和技能来扩大人的选择范围的过程，从而使所有人都能过上长寿而健康的生活，增长见识且享有体面的生活水平；二是保证个人获得政治、经济和社会等方面的集会，以成为创新型和具有高生产率的人才，并享有自尊及获得社区归属感和对社会做出贡献的成就感。在处理相关议题时，组织要特别关注提升工人的就业能力，向其提供培训及获得职业晋升的机会；确保必要时被裁员的工人获得接受再就业、培训和咨询方面的帮助；制定劳资联合计划来促进健康和福利。

四、环境责任

环境责任是人类生存与繁荣的前提条件，对于实现可持续发展至关重要，也是全球化进程中各国社会组织普遍关注的核心责任。因为对于所有组织来说，无论其身处何处，也无论其从事何种事业，其决策和活动必然会对环境产生直接或间接的影响。基于社会责任的担责原则，即为自身影响负责任，任何组织都要将环境作为社会责任核心主题。

ISO26000 指出：组织应尊重和促进四条环境原则，即环境责任原则、预防性措施原则、环境风险管理原则和污染者付费原则。[①]

第一，环境责任原则是指“除遵守法律法规之外，组织宜为其活动产生的对农村或城市地区及更广泛的自然环境影响承担责

①李伟阳、肖红军著：《ISO26000 的逻辑》，经济管理出版社 2011 年版，第 162—164 页。

任。组织宜认识到生态承载能力是有限的，需要采取行动改善组织自身及影响范围的环境绩效。”这就是说，组织不仅要遵守法律法规，而且还要主动承担超越法律法规要求，承担更高道德追求层次的环境责任，积极推动影响范围内的环境责任，最大限度地为可持续发展作贡献。

第二，预防性措施原则是指“当存在对环境和人类健康造成严重或不可逆转损害威胁时，不宜以缺乏充分的科学定论为由，推迟采取符合成本效益的、防止环境退化和人类健康损害的措施。在考虑措施的成本效益时，组织宜考虑该措施的长期成本和效益，而不仅仅考虑给组织带来的短期成本”。

第三，环境风险管理原则是指“组织宜按照基于风险和可持续性的视角推进计划的落实，以评估、避免、减少和缓解自身活动所引致的环境风险和影响。组织宜制定和实施意识提升活动和应急反应程序，以减少并缓解事故所造成的环境、健康和安全影响，并向主管当局和当地社区通报环境事故信息。”不难看出，预防性措施原则和环境风险管理原则都是旨在强调组织活动计划必须树立环境风险管理意识和可持续发展意识。

第四，污染者付费原则是指“组织宜负担自身活动造成的污染成本。成本负担的计算依据组织对社会造成的环境影响程度及要求的补救行动，或者依据污染超过可接受水平的程度。组织宜优先考虑付出努力将污染成本内部化，并且对预防污染可带来的经济和环境效益进行量化测量，而不仅基于‘污染者付费’原则减轻其影响。组织可选择与其他方合作开发诸如意外事故应急基金等经济工具，以备重大环境事故处理成本之需。”量化要求的意义在于要求组织应当优先努力将污染成本内部化，测算污染成本，切实负担其自身活动造成的污染损害。

ISO26000认为，组织的环境责任主要涉及四个问题：

1.防止污染。防止污染包括三类行动，识别组织对环境的影响和污染，对污染加以测量、记录、报告和沟通，以及有效管理和预防污染。其中的关键问题是识别污染。ISO26000认为，组织可能产生的污染包括：向空中、水中排放污染物，产生液体或固体废弃物，可能排放或泄漏有毒有害化学品，产生包括噪声、气味、视觉效果、光污染、振动、电磁辐射、放射物、传染性物质（如病毒或细菌）、无组织排放，以及生物危害（如入侵物种等污染）。

2.资源可持续利用。ISO26000指出："为保证将来能够获得资源，需要改变目前的消费和生产模式与数量，以使消费和生产的运行能够在地球的承载能力内。""组织可通过更加负责任地使用电力、燃料、原材料和加工材料、土地和水资源，综合利用不可再生资源和可持续的可再生资源，或以可持续可再生资源替代不可再生资源，如利用创新技术，向可持续资源利用迈进。"[①]

3.减缓并适应气候变化。关于"减缓气候变化"，ISO26000认为，组织宜采取的行动包括识别累计的温室气体排放的直接和间接来源，并界定其责任边界，测量、记录和报告组织主要的温室气体排放，并采取优化措施，在其控制范围内逐步减少和最小化温室气体排放。关于"适应气候变化"，ISO26000认为，组织宜采取的行动包括：考虑全球和地区未来气候预测，将适应气候变化纳入其决策制定过程中，寻找机会避免或最小化与气候变化相关的破坏，采取措施回应已有的或预计的影响，并在其影响范围内致力于利益相关方适应气候变化的能力建设。

4.环境保护、生物多样性和自然栖息地恢复。ISO26000认为，

①李伟阳、肖红军著：《ISO26000的逻辑》，经济管理出版社2011年版，第169页。

组织需要重点关注四个内容：评价和保护生物多样性；评估、保护和恢复生态系统的服务；可持续地利用土地和自然资源；推进环境友好的城乡发展。

组织宜采取的行动包括三个方面：第一，降低对自然生态的不利影响。例如，在可行的和适当的情况下，参与市场机制，以将环境影响成本内在化，并在保护生态系统服务中创造经济价值；首先给予避免自然生态系统的损失最高优先权，其次是恢复生态系统，如果两项行动不可能或不充分有效，则应采取能让生态系统服务在未来获得净收益的行动，以此来弥补损失；实施规划、设计和运营实践，以此来最小化其土地使用决策（包括与农业和城市发展有关的决策）可能造成的环境影响；

第二，增加对自然生态的积极影响。例如将自然栖息地、湿地、森林、野生动物走廊、保护区和农业用地的保护成为建筑和建设工程开发的一部分；

第三，促进土地与自然资源的可持续利用。例如，建立并实施整体战略进行土地、水资源和生态系统管理，以社会公平的方式促进生态保护和可持续利用；逐步提高来自可持续的技术和工艺的产品的使用比例。

五、公平运行

公平运行涉及的是组织与其他组织或利益相关方在交往过程中的责任行为。坚持公平运行，不仅对于建立和维持不同组织之间正当合法而富有成效的关系是不可或缺的，而且是全社会对负责任的组织行为的普遍期望，是组织增加积极社会影响的重要方式。因此，公平运行责任包括两个方面的内容：一是组织在自身的决策和活动中必须遵守的底线义务，例如反腐败、公平竞争、尊重产权等；一是组织在运行中为可持续发展作出更加积极的贡献，如负责任的政治参与、在价值链中促进社会责任。

ISO26000认为，关于组织公平运行的社会责任主要涉及五个问题：反腐败、负责任地政治参与、公平竞争、在价值链中促进社会责任、尊重产权。

1.反腐败。ISO26000对“腐败”的理解包括三个方面：腐败的根本出发点是谋取私利；腐败的本质是一种滥用授权或不正当使用权力的行为；腐败的形式多种多样，包括与公职人员或私营组织任职人员有关的贿赂（索取、提供或接受金钱或实物的贿赂）、欺诈、洗钱、挪用、隐瞒真相和妨碍司法公正以及影响力交易等。组织在反腐败议题上宜采取的行动重点包括四个方面：领导承诺与示范；反腐败制度建设；提高雇员、代表、承包商和供应商关于腐败和如何抵制腐败的意识，以及鼓励与组织有运行关系的他人采取类似的反腐败措施；鼓励举报腐败行为。

2.负责任的政治参与。ISO26000认为，负责任的政治参与包括两个方面，在消极意义上，组织要避免不当的政治参与对公共政治进程的破坏，杜绝可能破坏公共政治进程的不当影响；在积极意义上，组织应采取有利于推进公共政治进程的态度和行为，在支持公共政治进程中发挥更加积极的作用，特别是采取行动促进制定有利于社会大众的公共政策。为此，组织宜采取的行动包括：①培训雇员和代表，在负责任的政治参与和捐献及如何处理利益冲突等方面提高他们的意识；②制定并实施促进负责任政治参与的政策和指导方针，严格管理作为组织利益代表的人员的活动；③保持政治参与的透明度；④杜绝不合理的政治参与行为，例如，避免不当的政治捐献规模，禁止涉及提供错误信息、进行错误表达、威胁或强迫的行动。

3.公平竞争。ISO26000认为,公平和广泛的竞争能够激发创新和提高效率,降低产品和服务成本,确保所有组织都享有公平的机会。为此,组织宜采取如下行动:①遵守有关竞争的法律法规,并推动雇员认识到遵守有关竞争的法律法规和进行公平竞争的重要性;②防止成为反竞争行为的同谋,不利用诸如贫困等社会条件获得不公平的竞争优势;③支持反垄断和反倾销行为,支持鼓励竞争的公共政策。

4.在价值链中促进社会责任。ISO26000认为,价值链中的每个组织都应承担社会责任,这是全社会的普遍期望和要求。组织宜考虑到其采购和购买决策对其他组织的潜在影响或始料未及的后果,进而通过发挥对价值链的领导力和带动力,推动价值链成员接受和支持社会责任原则和实践。因此,组织宜采取如下行动:①将对价值链成员的社会责任要求融入组织业务中。例如,将道德、社会、环境和性别平等的准则及健康和安全要求,融入自身购买、分销和合同的具体政策和实践中,以不断趋近社会责任目标;对与组织有关系的组织进行恰当的尽责审查与监测,以防止背离其社会责任承诺等;②为价值链成员履行社会责任提供帮助和支持。例如,考虑为中小型组织提供支持,包括提升他们对社会责任和实践的认知,并向他们提供额外帮助(例如技术、能力建设或其他资源),以实现对社会负责任的目标;③鼓励其他组织在价值链中促进社会责任。例如,积极参与提高与自身相关的组织对社会责任原则与核心议题的认知; 对他们进行恰当的尽责审查与监测,以防止背离其社会责任承诺;特别是对中小型组织提供支持,除了提升他们的认知之外,尽可能地向他们提供技术、能力、资源或其他帮助,以实现对社会责任的践行。

5.尊重产权。在ISO26000语境中,产权包括三类:一是有形产权，例如土地和其他有形资产的权益；二是知识产权，如版权、专利权、地理标志权、基金权、著作人身权及其他权利的权益；三是对更广义财产权利主张的考虑，比如原住民等特定群体的传统知识。为此，ISO26000认为，组织宜采取以下行动：实施能够推动尊重产权和传统知识的政策与做法；开展恰当的调查，以确信其合法享有财产使用权或处置权；不参与侵犯产权的活动，包括滥用支配地位、假冒和盗版；对所获得和使用的财产支付合理的补偿；在行使并保护自身知识产权和财产权时，考虑社会期望、人权及个人的基本需求。

六、对消费者的责任

"消费者"是指使用组织决策和活动的产出的个人或团体。因此，无论是企业、国家还是社会组织，只要组织提供产品和服务，就必然会涉及到对消费者的责任问题。

ISO26000将消费者问题作为社会责任核心主题，主要基于三方面的考虑[①]：第一，消费者是组织提供产品和服务的对象，是受组织决策和活动影响最大的利益相关方之一，也是影响组织可持续发展的最重要的利益相关方之一；第二，尽管国家在确保尊重消费者基本需求得到满足的权利方面负有首要责任，但组织也能够成为促进这种权利得以实现的重要力量，尤其是在国家不能充分满足人们的基本需求的领域；第三，组织通过提供产品和服务及诸如使用、维护和处置在内的各种信息，有很多机会对可持续消费和可持续发展作出显著贡献。

ISO26000认为，组织在处理与消费者相关的社会责任时，需

①李伟阳、肖红军著：《ISO26000的逻辑》，经济管理出版社2011年版，第195—196页。

要遵循以下原则:①坚持满足消费者基本需求的原则;②坚持满足消费者对包容性发展需求的原则,即应促进消费者对公正、公平和可持续的经济和社会发展期望的实现,并保护消费者对环境保护的权利;③坚持尊重消费者隐私权的原则;④坚持预防性措施原则;⑤坚持促进性别平等和赋予妇女权利的原则;⑥坚持促进通用设计的原则,这种通用设计的特点是公平使用、使用灵活、简单易用、信息易懂、轻松操作、适宜的空间,从而保证每个人都能得到并在适当情况下适用于弱势和不利群体的产品与服务;⑦考虑并满足弱势群体的特殊要求。

ISO26000 认为,与消费者相关的责任主要涉及七个问题:

1.开展公平营销、提供真实公正的信息、实施公平的合同实践。ISO26000 认为,组织宜采取的具体行动包括:不从事任何欺骗、误导、虚假或不公平、不清晰或模棱两可的做法,包括遗漏关键信息,而宜以透明的方式共享相关信息,使得消费者便于获得信息和比较;不使用在诸如性别、宗教、种族、残疾或个人关系方面加深成见的文字、声音或影响;在广告和营销时首先考虑包括儿童在内的弱势群体的最佳利益,不参与损害儿童利益的活动;合同不包含不公平的合同条款,诸如不公平免责、有权单方面改变价格和条件、将破产风险转嫁给消费者或不恰当延长合同期限,避免包括不合理的贷款率在内的掠夺性贷款等。

2.保护消费者健康与安全。这里所说的“安全”是全面的安全,包括预测潜在的风险以预防出现伤害和危险。因此,“保护”既包括设计用途时对消费者健康与安全的考虑,也包括对可预见的不当使用的规避。当然,并不是所有风险都是可以预见或消除的,因此产品撤回和召回机制是保护消费者安全的重要措施。

3.可持续消费。“可持续消费”是在《环境和发展里约宣言》中提出的,意指“以符合可持续发展的速度消费产品和资源”。这种可持续发展,是指“既满足当代人需要又不危及后代人满足其需要的能力的发展”。ISO26000 认为,组织在可持续消费议题上宜采取的具体行动包括:在可能的情况下,消除或最小化产品和服务对健康和环境的消极影响;使产品和包装的设计易于使用、可再利用、维修或可回收,并在可能的情况下,向消费者提供或建议其采用回收和处置服务;优先供应有利于可持续发展的产品或服务;以可负担的价格提供更长生命周期的高质量产品;在向消费者提供产品和服务的过程中提供有关环境和社会方面的信息,例如能源效率、内容或成分(如使用转基因生物体和纳米粒子)、与动物福利有关的信息(例如动物测试的使用)等,并面向消费者开展可持续消费教育。

4.消费者服务、支持和投诉及争议处理。ISO26000 认为,在处理该议题时,组织宜采取的具体行动包括:提供充分有效的售后支持和咨询服务体系,明确告知消费者如何获得售后服务和支持,以及处理争议和赔偿的机制;以合理的价格、在容易到达的服务场所向消费者提供维护和修理服务,并使消费者可以便捷地了解到零部件的预期供应情况;可选择采用基于国家标准或国际标准的争议解决、冲突处理和赔偿程序,这些程序向消费者免收或仅收取最低限度的费用;适当时,提供超过法定担保期限,而与产品的预期生命周期相匹配的担保。

5.消费者信息保护与隐私。ISO26000 认为,组织在相关议题上宜采取的具体行动包括:仅通过合法且公正的方式获取信息;在开展信息收集之前;明确说明收集信息的目的,限制个人信息的收集范围,仅收集提供产品和服务的必需信息,或是消费者在知情的情况下自愿同意提供的信息;避免将因向消费者提供服务或应消费者要求提供特殊优惠而获得的消费者同意提供的信息，用于消费者所不希望的营销目的；不泄露、不提供、不滥用消费者的个人信息，不将个人信息用于指定用途以外的目的，包括营销，除非消费者知情且自愿或法律有要求；披露组织内部信息保护专责人员（有时称作信息管理员）的身份和常驻地点，并促使他们担负起遵守各项措施和适用法律的具体责任。

6.基本服务获取。ISO26000 认为，获取基本服务是消费者基本需求得到满足的权利要求，也是社会实现包容性发展的客观要求。组织可以通过三个方面的行动来促进消费者获取基本服务：扩大基本服务覆盖面，无歧视地向所有消费者群体提供相同质量和水平的服务；防止和合理处理基本服务缩减或中断；合理实施定价和收费。

7.教育和意识。ISO26000 认为，消费者教育能够提高消费者能力，使其能够按照所获得知识开展行动，促使消费者的购买决策更加理智和消费活动更加负责任，能够对产品和服务作出知情、独立的选择。更重要的是，消费者教育可以推动消费者更好地了解自身消费选择对其他人及可持续发展的影响，从而更有可能发挥消费者的积极作用，推动可持续消费。

七、社区参与和发展

社区参与和发展是指组织与社区的互动，这种互动不仅源于社区是组织的利益相关方，而且源于组织视自身为社区的重要组成部分，认同社区价值，与社区分享共同利益，这是组织可持续发展的重要支撑，也是组织社会责任的重要内容。

ISO26000 认为，组织在处理与社区参与和发展的相关主题时，需要坚持四项原则：①在实现社区参与和发展时，将自身视为社区的组成部分，而非独立于社区之外；②承认并合理考虑社区成员在社区事务方面的决策权利，这样可使社区成员能够以自主选择的方式追求他们资源和机遇的最大化；③在与社区互动的过程中，认识并合理考虑诸如文化、宗教、传统和历史等社区特点；④承认合作开展工作的价值，支持经验、资源和实践成果的交流。

ISO26000认为，与社区参与和发展相关的社会责任主要涉及七个问题：

1.社区参与。社区参与是组织对社区事务的积极主动的拓展，是组织为预防和解决问题，与当地组织和利益相关方建立伙伴关系，并积极成为社区的良好组织公民。组织可以通过参与和支持民间机构，以及通过参与构成公民社会的群体和个人组成的网络，对所在社区作出贡献。有效的社区参与，要能够提升组织回应社区需要的能力和水平，使组织的发展及其他努力能够与社区、社会相一致。需要注意的是，组织在参与中宜保持透明与互动，特别是要保持与当地政府官员和政治代表之间关系的透明度，杜绝贿赂或施加不当影响。

2.教育和文化。教育和文化是社会与经济发展的基础，也是社区特性的重要组成部分。保护并促进文化和教育，并与尊重人权相互协调，对社会凝聚力和社会发展有积极影响。ISO26000认为，组织宜促进与支持社区教育，鼓励儿童进入正规教育，促进和支持各个层次的教育，参与提高教育质量和获得教育机会的活动，提升当地知识水平并帮助消除文盲；组织宜尊重与保护当地文化，帮助保存和保护文化遗产。作为促进文化活动的具体行动，组织支持在历史上曾经处于弱势的群体获得能力，是非常重要的反歧视方式。在适当的情况下，组织宜推广使用原住民社区的传统知识和技术。

3.就业创造和技能开发。ISO26000认为,“所有组织,不论其大小,都能通过创造就业,为减少贫困、促进经济与社会发展作出贡献。技能开发,是促进就业和帮助人们维护体面的、富有成效的工作的重要组成部分,对经济和社会发展至关重要。”[①]为此,组织在相关议题上宜采取的具体行动诸如:分析投资决策和技术选择对社区就业创造的影响,并在经济可行的情况下进行直接投资,以便通过为社区创造就业机会或选择技术来减少贫困;考虑外包政策对社区就业创造的影响,既包括对作出决策的组织内部的影响,也包括对受决策影响的外部组织的影响;考虑为社区创造直接就业的益处,而不是考虑使用临时性工作安排的益处;在技能开发计划不足的社区,考虑与社区内的其他机构合作,帮助发展或改善社区机能开发计划。

4.技术开发与获取。组织能够以促进人力资源开发和技术传播的方式采用专门知识、技能和技术,为其运行的所在社区发展作出贡献。为此,组织宜采取的具体行动诸如:考虑帮助开发能够解决当地社区问题的创新技术,帮助开发易复制且对消除贫困和饥饿有较大积极影响的低成本技术;在经济上可行的情况下,考虑发掘当地潜在的传统知识和技术,同时保护当地社区对该知识和技术的权利;考虑与诸如大学或研究实验室等组织合作,与社区伙伴共同推进科技发展,并雇佣当地人员参与工作;如经济上允许,组织宜设定合理的技术转让或许可条款,以促进当地发展;组织宜考虑提高当地社区的管理水平、信息和通信技术,以提升社区福利水平和社区生活质量。

---

①李伟阳、肖红军著:《ISO26000的逻辑》,经济管理出版社2011年版,第226页。

5.财富与收入创造。ISO26000 认为，组织在贡献社区财富与收入创造方面的主要方式大概包括以下方面：一是帮助社区形成能够不断催生创业精神的有利环境，这将对社区发展的长远利益产生重要影响；二是以多种方式增进社区的经济和社会福利或社会财富；三是在促进社区成员平均分配经济利益中发挥积极作用；四是认真履行向社区的纳税义务；五是推动社区克服地理或经济、文化障碍；六是推进社区的法治进程，以促进社区的法律法规建设和守法执法进程。

6.健康。ISO26000 认为，组织在该议题上宜采取的具体行动不仅包括消除对社区健康的消极影响，而且宜考虑通过多种方式促进良好的社区健康水平，例如帮助获得药品和疫苗、鼓励健康的生活方式、提高对健康威胁和主要疾病及其预防的认识、考虑支持持久和普遍享有的基本卫生保健服务等。

7.社会投资。社会投资是组织最大化自身运用对社会和环境的积极影响，以及最大化自身对可持续发展贡献的重要内容和方式。这是组织对履行社会责任底线义务的超越，是组织渴望成为优秀的社区公民的重要行为。为此，组织宜采取的具体行动诸如：组织在识别社会投资机会时，宜将其贡献与其运行所在社区的需要和优先事项相结合，并考虑到地方和国家决策者所确定的优先事项；组织宜采用信息共享、咨询和协商等参与确定和实施社会投资项目的有效工具；组织宜鼓励社区参与项目的设计和实施，因为这将有助于这些项目在组织不再参与时得以继续生存并发展壮大。

从以上七大核心主题来看，ISO26000 关于社会责任的理解，不仅涵盖了国际社会公认的人权、劳动实践和环境责任，而且强调了组织运营过程中的责任——包括组织治理、公平运营、消费者以及社会参与和发展四大责任。这就意味着，社会责任并不是脱离组织运营过程的独立主题或全新的行动内容，而是组织运营的基本方式。换句话说，社会组织不仅需要担负着外部责任，即对社会的责任，而且必须切实担负起内部的管理责任。

强调内部管理或组织绩效，可能会令一些社会组织感到羞于启齿。在他们看来，关注管理和绩效，会玷污社会组织的纯洁性。他们建立组织并投入精力，完全出于一种高尚的志愿精神和奉献精神。在组织中人与人都应当是平等的。社会组织不需要科层化的管理，更不需要企业式的绩效。但是我们经常可以见到许多社会组织并非都能扬帆远航。有些组织风光一时，却无法长久；有些组织初衷很好，却不能发展壮大；有些组织成功运行一段时间后，发起人或领导者的诚信却出了问题，组织随即陷入不可自拔的信任泥沼。无数社会组织的起起落落提醒我们，社会组织要想真正担负起社会责任，仅凭信仰和热情是远远不够的。社会组织不仅需要承担外部责任，以志存高远的使命感服务社会，以实现整个社会的繁荣、团结和自由；而且要切实承担对维护组织内部健康运行的责任，后者是前者的前提和基础。正如一个人一样，只有自己身体健康，才能谈得上为社会服务。否则，要么浪费社会资源，要么畸形发展。

社会组织是现代社会的器官和细胞。社会组织必须学会管理，建立健康的组织运行机制和管理方式；社会组织必须关注绩效评价，形成合理的获得资金和社会支持的战略与策略；社会组织必须提高效率，能够满足和激发志愿者的奉献热情并有效提高他们的能力。只有将社会责任融入组织运营的全过程，健康成长的组织才能具备道德的担责意愿，才能承担广泛的社会责任。这恐怕是 ISO26000 对今天中国社会组织建设的重要启示。

第二章　社会组织的生产责任

生产是一个人类延续自身的基础活动行为，也是一个历久弥新的话题。生产是人类从事创造社会财富的活动和过程，也是人把包括自己在内的整个世界对象化的过程。生产反映了人与自然、人与社会以及人与自我的相互关系，而人类的全部历史的画卷就是一幅幅生动的生产图景依次展开的画面，人的全部意义就深刻地蕴含于人在现实生活的劳动场域中，不断赋予客观存在对象性和价值性的整个历史过程。劳动与生产是“人之为人”的伟大标志。包括社会组织在内的一切团体、组织、集团、集群，都是具有某种特殊人格意义和人格行为的社会存在，它们在集体行动中生产出社会需要的物质产品、精神产品和制度产品。对社会组织而言，生产责任是社会组织的首要社会责任，它与社会组织的“结构—功能”紧密联系，同时又精准地指向于社会组织的责任伦理。可以说，生产责任是社会组织存在与发展的安身立命之本，不存在只进行消费不从事生产的社会组织。那么，生产责任在何种意义上成为社会组织的社会责任，社会组织通过何种方法和手段承担生产责任，社会组织的生产责任同社会组织的功能具有何种关联？上述问题是本章所要探讨的主题。

第一节 “生产”的多重意义

“生产”(produce)是一个古老的词汇。早在中国古代就有“吾治生产,犹伊尹、吕尚之谋,孙吴用兵,商鞅行法是也”[①],这里的“生产”有“生计”之意。17世纪中叶以来,伴随人类对自我能力认识的深化以及自我本质的回归和占有,资本主义生产方式被普遍认为是积累和创造社会财富的最有效的形式。于是,在资本主义语境下,“生产”一词成为创造社会财富的代名词,它与金钱、物质、利益等资本主义社会的代表物产生了联系。然而,马克思和恩格斯在《共产党宣言》中,却十分注重生产的历史意义:资产阶级时代同过去时代的最显著不同就是,“一切固定的僵化的关系以及与之相适应的素来被尊崇的观念和见解都被消除了,一切新形成的关系等不到固定下来就陈旧了。一切等级的和固定的东西都烟消云散了,一切神圣的东西都被亵渎了。人们终于不得不用冷静的眼光来看他们的生活地位、他们的相互关系”,“资产阶级在它的不到一百年的阶级统治中所创造的生产力,比过去一切时代创造的全部生产力还要多,还要大”[②]。因此,我们有必要在不同的学科语境下关照“生产”的不同内涵,以便更好地理解社会组织视野下的生产意义。

①《史记·货殖列传》。

②《马克思恩格斯文集》(第2卷),北京:人民出版社2009年版,第34—36页。

一、西方经济学语境下的“生产”

尽管西方经济学发展历史悠久、学科分支复杂[①]，但西方经济学各学派的“生产理论”在理论假设、内涵、目的和方法上具有相似性。美国著名经济学家保罗·萨缪尔森（Paul·A ·Samuelson）在《经济学》一书中指出：“任何社会，不论它是完全集体化的共产主义国家，南洋群岛的一个部落，资本主义工业国家……都必然要遇到三个基本的和相互有关的经济问题。（1）生产什么商品和生产多少？这就是说，在可供选择的物品和劳务中，生产什么和生产多少……（2）如何生产物品？这就是说，由哪些人，使用何种资源，应用何种技术来生产物品……大规模还是小规模的生产？（3）为谁生产物品……这三个问题是基本的，而且是一切经济制度所共有的。”[②]通过这段论述，我们可以得知，生产是一切社会经济组织都必须面对和解决的问题，也是一切社会经济组织安身立命之本，它是以某种特定的目的运用一定的生产方式和工具创造社会财富的过程。

追逐利润是经济组织的本性，不辞辛劳地生产让企业乐此不疲。尽管在社会劳动产品极大丰富和市场需求高度饱和的前提下，企业也会将生产作为一种规定动作。20 世纪二三十年代美国社会“大萧条”中，奶制品企业将牛奶倒入河流中就是最好的例证。由此可见，西方经济学是资产阶级关于如何实现资源配置的

①在西方经济学发展的数百年时间里，相继形成了重商主义学派、重农学派、古典经济学派、德国历史学派、边际学派、新古典学派、数理经济学派、福利经济学派、制度经济学派、凯恩斯学派、芝加哥学派等学科派别。

②【美】保罗·萨缪尔森：《经济学》（上），北京：商务印书馆 1979 年版，第 25 页。

最优化、高效化以及生产要素如何实现合理投入的学说,因而深深地烙印着资本主义社会的价值观和伦理原则。因此,它的所谓"生产理论"是建立在资源稀缺性和理性人假说基础之上,强调资本主义的生产平衡。正如有学者指出:"西方经济学并未专门论述生产与分配、交换和消费的关系,而只是含糊不清地表现在有关论述中,并通过对成本、产量收益方面的分析来研究如何实现利润的最大化"[①]。在研究目的和指向上,西方经济学的生产理论就是要研究"厂商怎样决策才能用最小的代价取得最大的利润。他们毫不隐讳地把利润最大化作为生产理论的基本命题。无论是生产可能性边缘的研究还是生产函数的分析,都是围绕这一基本命题进行的"[②]。如果用一组词语来概括西方经济学关于"生产"的核心旨趣,"利润"与"效益"恐怕是再适合不过的了。

二、社会学语境中的空间生产

空间生产理论兴起于20世纪70年代,自其被正式提出以来成为西方学界关注和研究的热门话题。空间生产理论不仅开启了人们观察社会生活和社会现象的独特视角,空间方法论也成为人文社会科学研究的重要方法,扰动着墨守成规的旧思维和旧传统。"空间生产,在概念上与实际上是最近才出现的,主要表现在具有一定历史性的城市急速扩张、社会的普遍都市化以及空间性组织的问题等方面"[③]。亨利·列斐伏尔(Henri·Lefebvre)是最早对

①吴易风等:《马克思主义经济学与西方经济学比较研究》(第1卷),北京:中国人民大学出版社2009年版,第466—467页。

②文大会:"马克思生产理论与西方生产理论的比较与思考",《长白学刊》1996年第4期,第36—40页。

③包亚明:《现代性与空间的生产》,上海:上海教育出版社2003年版,第47页。

空间和空间问题进行系统化理论阐述的学者，他的代表作《空间的生产》是空间生产理论的开山之作。列斐伏尔认为，空间是资本主义社会关系体系中的重要环节，当代资本主义的生产重心正从“物的生产”转移到“空间本身的生产”，而资本主义的生产已经成为一个不断超越地理空间限制从而实现“空间的自我生产”的过程。在这个过程中，从具体的自然空间，如土地、空间甚至阳光都具有交换价值，并被纳入到资本主义剩余价值的生产体系。在此基础上，列斐伏尔从全球化、城市化和日常生活三个维度对资本主义空间生产进行了批判。①

列斐伏尔的社会空间生产理论为西方学者就空间与社会结构的相互作用及其辩证关系到探讨打开了一扇窗。他们对“空间生产”形成了重要共识：认为空间生产的过程就是社会政治和空间意识的形态过程，空间是人们进行交往活动的场所，更是人们交往活动的结果。“空间的社会性不能仅仅从空间是物质生产的器皿或媒介的意义上来解释，一方面空间作为一种生产要素参与了物质生产过程和历史进程，另一方面空间本身又是社会生产的后果”②。由此可见，社会空间生产具有使用价值和价值的双重属性，“空间生产一方面生产出具有使用价值的空间产品，另一方面生产出空间产品的价值，即空间产品使用价值这个物掩盖下的人与人之间的具体的社会关系。这种空间生产方式首先是空间物质生活资料的生产和再生产”③。

---

①李春敏：“列斐伏尔的空间生产理论探析”，《人文杂志》2011 年第 1 期，第 62—68 页。

②庄友刚：“西方空间生产理论研究的逻辑、问题与趋势”，《马克思主义与现实》2011 年第 6 期，第 116—122 页。

③孙江：《“空间生产”——从马克思到当代》，人民出版社 2008 年版，第 12 页。

西方空间生产理论[1]的旨趣与目标在于，对个体空间行为及空间关系的分析和把握中寻找到试图解决全球化、城市化进程中所出现的社会空间问题，并推进社会空间关系的结构变革和调整。由此可见，空间生产理论视野下的生产意蕴俨然不同于西方经济学家关于生产的界定，它的关注焦点在于个体社会行为背后所隐藏的社会关系，以此促进社会结构体系与规模同经济社会发展速度与规模的一致性和协调性。因此，我们可以用"社会互动"来概括空间生产理论的核心内涵，正如有学者所说："空间不仅仅是自然地理，而是社会互动的形式"[2]。

三、马克思主义语境中的全面生产

马克思主义是关于无产阶级和人类解放的科学，是科学的世界观和方法论。马克思主义哲学、马克思主义政治经济学和科学社会主义是马克思主义理论体系中相互关联、互为支撑的严密整体，"马克思主义基本原理是马克思主义立场、观点和方法的集中表达，是关于自然、社会和思维发展客观规律，以及人类社会由低级向高级发展客观规律的理论学说，是围绕无产阶级争取自身解放并最终解放全人类的思想路线，和揭示人类社会发展客观规律的逻辑主线的高度统一而形成的逻辑严密、结构合理的理论体系"，"整体性构成了马克思主义基本原理本身所具有的理论规定

①西方空间生产理论主要有：亨利·列斐伏尔的"时间—空间—社会"空间生产理论，米歇尔·福柯的"空间—知识—权力"空间理论，莫里斯·梅洛—庞蒂的"知识现象学"身体空间理论，曼纽尔·卡斯特"集体消费"和"信息技术"空间生产理论，奥勒斯坦世界的资本全球交往的空间结构理论，大卫·哈维关于马克思主义地理学的空间思想等。

②吴细玲："西方空间生产理论及我国空间生产的历史抉择"，《东南学术》2011年第6期，第19—25页。

性”[①]。因此，马克思主义语境下的“生产”意蕴实现了对西方经济学语境下“生产”意蕴的重大超越与变革，它与空间生产理论同样也有本质区别。

马克思的生产理论是一种全面的生产观、实践的生产观、历史的生产观、社会的生产观。马克思将“生产”贯穿于他分析资本主义社会固有矛盾和人类社会历史发展的全部阶段，人与社会的生产活动是他构筑其理论版图的又一维度。在马克思看来，生产不仅是简单的经济活动和利己行为，利润与效率只是生产的部分内容和一个目标，而不是生产的全部意义和全部价值，从个体的自我繁殖到世界历史的发展变化无不属于“生产”范畴。

马克思在《德意志意识形态》这篇不朽巨著中，详细描述了人类物质生产、自我生产、精神生产和社会关系生产的几个关键阶段：第一阶段是人的物质生产阶段，“为了生活，首先就需要吃喝住穿以及其他一切东西。因此第一个历史活动就是满足这些需要的资料，即生产物质生活本身，而且，这是人们从几千年前直到今天单是为了维持生活就必须每日每时从事的历史活动，是一切历史的基本条件”；第二阶段是人的新的需要的生产阶段，“已经得到满足的第一个需要本身、满足需要的活动和已经获得的为满足需要而用的工具又引起新的需要，而这种新需要的产生是第一个历史活动”；第三个阶段是人的自我生产阶段，“每日都在重新生产自己生命的人们开始生产另外一些人，即繁殖”；在上述三个阶段过程中，人还生产出了属于自己的社会关系，“社会关系的含义在这里是指许多个人的共同活动，不管这种共同活动是在什么条件下、用什么方式和为了什么目的而进行的”，同时还生产着人的

①张雷声：“世界观、方法论与马克思主义基本原理的整体性”，《教学与研究》2011 年第 12 期，第 5—12 页。

精神和意识,"'精神'从一开始就很倒霉,受到物质的'纠缠'"①。

马克思所说的生产不仅包含经济领域的生产行为,还包含人的自我生产、人与他人的社会关系的生产以及整个社会关系的生产,他赋予了生产以哲学意义。因而,马克思主义视野下的"生产"学说,是涵盖物质生产、精神生产、人的生产、生活生产的"全面生产"的学说。人类社会与人类文明得以生成和延续的一个重要原因就在于人类社会不间断的生产实践。生产实践是理解和把握人类社会存在与发展的奥秘的钥匙,正如有学者所说:"生产理论不只是指经济学意义上的物质生产,而且是对资本主义社会总体性的哲学透视,是马克思哲学批判维度的逻辑基础"②。

四、生产责任:解析社会组织社会责任的新视角

"生产"一词在不同的学术语境和分析框架下被赋予了不同的意蕴。这启示我们,个体的固有属性和内容在不同的逻辑架构和叙事风格下会呈现不同的姿态。政治哲学是我们用以分析社会组织生产性社会责任的叙事环境,在政治哲学话语体系下,我们应该如何理解社会组织的社会责任体系中"生产责任"的含义呢?

社会组织是独立于政府部门和企业之外的社会主体,是社会治理和公共服务的重要力量,它与政府第一部门、企业第二部门共同推进国家治理体系和治理能力现代化。社会组织涵育于"公民社会"(Civil-Society)之中。迈克尔·爱德华兹(Michael·Edwards)在《公民社会》一书中系统梳理了学界关于"公民社会"的三种理

---

①中共中央编译局:《马克思恩格斯文集》(第1卷),北京:人民出版社2009年版,第531—533页。

②仰海峰:"生产理论与马克思哲学范式新探",《中国社会科学》2004年第4期,第25—38页。

论观点:(1)社会是由分工不同的专业性部门组成,而公民社会是整个社会中的一个部门;(2) 公民社会是社会发展的应然模式和理想状态;(3) 公民社会是体现公民意识的公众协商和理性对话的社会机制和平台。[①]从社会组织发展的意义上来看,公民社会不过是社会组织发展壮大及其所带来的一系列关于价值链条和利益相关者新变化的现实展开,社会组织是公民社会形成和存在的基础,没有社会组织的存在、发展和壮大,公民社会就成为无源之水、无本之木。正如有学者指出:"公民社会在本质上不过是社会组织发展及其所带来的一系列社会变化的另外一种诠释"[②]。社会组织是公民社会中最为活跃的因素,因为社会组织总是在不断寻找同政府部门与企业之间的利益平衡点,同时,不同的社会组织之间及社会组织内部成员也在寻求利益契合点。整个社会因社会组织的存在而丰富多彩,政府部门因社会组织的存在而功能完整,企业组织因社会组织的存在而明鉴自身。

组织的结构、活动、价值和效能决定了其社会功能。如前文所述,社会组织是公民社会最为活跃和积极的因素,因此,社会组织的社会功能可以概括为满足社会基本需要。有学者将社会组织的基本社会功能概括为五个方面:"一是动员和整合各种社会资源的功能;二是提供各种社会服务及一定的公共服务的功能;三是构建和增值社会资本的功能;四是推进公民参与和社会治理的功能;五是表达公民诉求、维护公民权益并进行政策倡导的功能"[③]。

---

①【英】迈克尔·爱德华兹:《公民社会(上)》,陈一梅译,载《中国非营利评论》第2卷,社会科学文献出版社2008年版,第110—142页。

②王名:《中国民间组织30年——走向公民社会》,北京:社会科学文献出版社2008年版,第9页。

③王名:《社会组织论纲》,北京:社会科学文献出版社2013年版,第99页。

也有学者将社会组织的功能归纳为:“提供公共服务,促进社会公正;反映群众诉求,化解社会矛盾;规范社会行为,调试社会心态;协调社会关系,发展民主政治;缓解就业压力,参与经济发展;繁荣文化事业,拓展对外交流”[①]。还有学者对社会组织在建设和谐社会中的功能与作用作了概括:一是沟通政府与社会、各社会阶层间的桥梁与纽带作用,二是促进社会资源有效配置和整合的作用,三是作为社会公共产品和服务提供者的作用,作为国际非政府组织活动主要参与者的作用[②]。

总体看来,社会组织功能与责任的关系本质上是一种“映射”关系,即有怎样的组织功能就要承担其所对应的社会责任,如果具有某种功能而不去承担其所对应的责任,就是失责和不作为,这种行为将消解社会组织的公益性和公共性,对社会组织存在的合法性基础和组织公信力是致命性的破坏。社会组织的社会责任犹如人的个体性责任一般,“责任是社会对个人义务的规定,处于社会关系中的人,必须明确与自己角色相对应的个人责任、家庭责任、公共责任、社会责任以及对人类的责任,并勇于承担责任,履行应尽的义务”[③]。

基于社会组织“结构—功能”视角的分析,学界对社会组织的社会责任传统研究理路认为,社会组织承担的社会责任“是由组织的社会属性决定的,任何组织的存在都是在以执行特定的职能

①王培智:“现阶段社会组织功能探析”,《唯实》2011 年第 12 期, 第 87—89 页。

②秦威:“社会组织在构建和谐社会中的重要作用与功能”,《学会》2005 年第 6 期,第 6—10 页。

③陈思坤:“出于责任行为具有道德价值”,《山西师范大学学报(社会科学版)》2012 年第 5 期,第 39—42 页。

为前提的，履行社会责任也是组织自我实现价值的根本途径，也是组织价值实现程度的重要标志”[①]。因此，社会组织的社会责任抑或社会功能可以概括为：通过整合社会资源和提供公共服务实现人道与公正；通过推进社会治理实现政府善治；通过构建社会资本增强社会核心竞争力；通过倡导公共政策实现人与自然的和谐共生。[②]这种研究理路从社会组织的“结构—功能”出发，基于工具理性回答了社会组织的社会责任“来源性”的问题。

然而，这种分析理路却在很大程度上忽视和遮蔽了社会组织的“存在论”意义，也就是说，社会组织是在何种意义上实现组织的“结构—功能”向组织的社会责任的让渡。笔者认为，现代民主社会之所以为社会组织预留出存在和发展的生存空间，这不仅是因为社会组织具有满足社会成员某些基本需要的“有用性”功能。更重要的是，社会组织在满足社会成员某些基本需要的同时，实现了组织的社会功能与责任伦理的统一，进而建构了社会组织行动与社会生产力发展和社会制度建设的“互嵌式结构”。具体而言，社会组织因社会而存在。如果将社会组织视为一种生命有机体，那么社会成员的利益需要与意志表达就是社会组织成长壮大的营养液。

现代公民政治意识的觉醒和权利意识的回归为社会成员广泛结社成为可能，我国《宪法》规定：“中华人民共和国公民有言论、出版、集会、结社、游行、示威的自由”，在《宪法》和法律规定范围内，公民的结社自由权利应得到尊重和保护。社会组织的存在意

①李清伟：“非政府组织社会责任探析”，《政治与法律》2009 年第 2 期，第 64—70 页。

②李茂平，阮东彪：“民间组织的伦理价值诉求”，《湖南社会科学》2011 年第 1 期，第 32—35 页。

义以宪法和法律的形式加以确认，这一方面表明党和政府对社会组织存在性的认可，另一方面也表明政府、社会和市场需要社会组织的介入，以缓解由政府失灵和市场失灵导致的社会怨恨情绪和社会焦急心理。

我们认为，对于社会组织而言，生产责任的本质就是社会组织在履行职能与展开功能的过程中所体现的一种公共伦理与社会价值，两者是“实”与“形”的关系。简而言之，社会组织的生产责任就是履行向社会公众生产、提供、传递福利性产品和制度性产品。福利性产品以物化的形式存在，是一种以货币作为指标来衡量其市场价值的显性产品，能够直接满足社会成员的基本公共服务需求，它与公共经济学中的“公共产品和服务”在内涵上具有一致性。制度性产品以制度化的形式存在，是一种以社会稳定性、社会组织发展环境和社会组织内部治理体系优化程度等指标来衡量其价值的制度体系，具体包括社会组织的运行管理规则、关系社会组织发展的政策方针，以及保护社会组织合法权益不受侵犯、监督社会组织合法运行的法律体系等。福利生产和制度供给作为实现社会组织的社会责任的两种基本手段，也为我们审视社会组织的社会责任提供一种“发生学”意义上的视角。当然，福利生产与制度供给并非是社会组织生产责任的全部内容，责任文化的生产也是其中的主要构成。需要指出的是，文化产品也是社会组织生产活动的产品形式和成果体现，为了便于对社会组织与公共价值的关系展开论述，本书将社会组织的文化产品生产与社会组织的文化责任另以单章形式进行论述。

第二节　社会组织的生产责任：在政府与市场之间

组织环境对组织管理、组织行为、组织文化和组织战略具有重要影响，环境维度是观察审视社会组织生产责任的必要性与重要性的独特视角。“环境通过资源的稀缺性和优胜劣汰原则来完成对组织群体的选择过程，任何试图通过组织再造来提高生存几率的努力都是徒劳的，甚至起到反作用而降低组织整体的生存概率”①。社会组织社会责任的正常履行和社会组织功能结构的优化升级离不开必要的环境支撑。对中国社会组织而言，社会组织最为重要的生存环境即是市场环境与制度环境，进一步来看，社会组织的活动范围和活动空间限制于政府与市场共同建构的现实场域之中。

社会组织同样也是一个生命体，它具有自我生产与自我革新的趋向，这一趋向对社会组织而言同样适用；因此，社会组织总是在政府部门与市场之间寻找新的利益平衡点，借以更稳固、更持久、更周全地嵌入到政治国家与市民社会的互动关系中，在此过程中实现社会组织的责任伦理与组织功能的统一。我们认为，中国社会组织生产责任的赋予和履行，离不开两个必要的也是十分重要的环境因素，一是竞争环境以及在此环境下出现的“市场失灵”现象，二是制度环境以及在此环境下出现的“政府失灵”现象。

①何铮，谭劲松等：“组织环境与组织战略关系的文献综述及最新研究动态”，《管理世界》2006 年第 11 期，第 144—151 页。

前者在西方发达国家较为普遍，后者则具有中国特色。

一、竞争环境与市场失灵

“市场不是万能的”早已成为学界共识，特别是2008年以来肇始于美国的金融危机进一步加深了人们对市场失灵问题的理解和认识，市场失灵时刻威胁着社会经济生活的正常秩序，它对公民个人利益、市场主体利益乃至国家利益的影响不容小觑。

经济学家对市场失灵的认识经历了漫长而艰难的过程，特别是资本主义生产方式确立后，生产资料私人占有同社会化大生产的矛盾成为资本主义社会不可调和的固有矛盾，周期性经济危机的爆发进一步使人们认识到“市场不是万能的”。在理想的市场经济条件下，市场机制是实现资源配置和合理流动的最佳形式。以亚当·斯密、大卫·李嘉图和约翰·穆勒等为代表的古典经济学家分析了自由竞争的市场机制，将其形象地比喻为“看不见的手”。斯密(Dam Smith)指出：“经济活动的参与者倾向于追求他们自身的个人利益”，“然而，隐藏于经济活动的混乱表明其中是一种自然秩序。有一只看不见的手引导个人的自利行为，从而形成社会福利”①。在理性人假说和资源有限的前提下，个体的自利行为最终导致了市场竞争的出现。在市场竞争条件下，有限的资源被配置到最有价值的部门、集团或个人手中。

然而，现实社会中的经济事实同理想条件下的经济学假设大相径庭。由于资源垄断、信息不对称性、交易成本及外部性的存在，市场机制有时无法有效配置资源甚至导致资源的浪费和流失，这种情况被称为“市场失灵”。为了规避“市场失灵”及其对社

①【美】斯坦利·L.布鲁，兰迪·R.格兰特：《经济思想史》，北京：北京大学出版社2008年版，第55页。

会经济秩序造成的消极影响，以凯恩斯（John Maynard Keynes）为代表的经济学理论提出了一种纠正"市场失灵"的政府干预机制，即政府通过工资和价格杠杆、财政和货币政策、行政和法律介入等手段对市场进行调控。这种做法也是社会主义国家维护本国经济秩序和经济安全的主要方法，正如邓小平所说："开放政策是有风险的，会带来一些资本主义的腐朽东西。但是，我们的社会主义政策和国家机器有力量去克服这些东西"[①]。

1978 年党的十一届三中全会以来，我国逐渐探索并确立了社会主义市场经济体制，并在此基础上形成了中国特色社会主义的分配制度和经济法律制度。社会主义市场经济体制不同于资本主义国家的经济体制，也不同于建国初期的高度集中的计划经济体制。党的十四大报告明确指出："就是要使市场在社会主义国家宏观调控下对资源配置起基础性作用，使经济活动遵循价值规律的要求，适应供求关系的变化"，"同时也要看到市场尤其自身的弱点和消极方面，必须加强和改善国家对经济的宏观调控"[②]。

社会主义市场经济体制能够有效解决市场的外部性问题，减少市场失灵现象。我国著名经济学家魏礼群如是评价社会主义市场经济体制："这样的社会主义市场经济体制有两个基本点：一个是让市场充分发挥在资源配置中的基础性作用，运用市场手段调节社会再生产的全过程，使整个经济富有活力和效率；另一个是社会主义国家要对市场进行宏观调控，重视发挥计划手段的功能和作用，引导市场和整个经济的健康运行"[③]。市场机制与宏观调

---

①中共中央文献研究室：《邓小平年谱（1975-1997）》，北京：中央文献出版社 2011 年版，第 553 页。

②参见新华网：http://news.xinhuanet.com/ziliao/2003-01/20/content_697148.htm

③魏礼群：《魏礼群经济文选》，北京：中国时代经济出版社 2011 年版，第 103 页。

控是社会主义市场经济体制的一体两面，两者缺一不可。

政府部门的宏观调控可以有效减少或规避市场的外部性风险，但却无法解决这样一个尴尬问题，即企业以追求利润最大化作为其核心价值观，宏观调控只能在某种程度上规范企业的营利行为和竞争行为，但无法要求企业向社会成员无偿或低价提供公共产品和服务。

一方面，企业作为最主要的市场主体，其承担和履行社会责任是有边界的。政府无权也不可能要求企业无偿承担本应由政府承担的社会责任。政府委托企业代行政府部门的公共服务职能，一般通过政府招标采购的形式有偿向企业购买公共服务。2012 年 11 月，国家民政部下发了《关于政府购买社会工作服务的指导意见》，明确规定了政府购买社会工作服务的范围与方式，即政府购买社会工作服务，是政府利用财政资金，采用市场化、契约化方式，面向具有专业资质的社会组织和企事业单位购买社会工作服务的一项重要制度安排①。

另一方面，即便企业向社会成员无偿或低价提供公共产品和服务，其主观意愿并非是代替政府行使公共服务职能，而是为了塑造企业良好的社会形象，提高企业的社会知名度，进一步扩大企业的社会影响力和目标客户范围。也有学者由利益相关者理论出发，将企业承担社会责任理解为一种交易实现机制，“如果企业忽视社会责任，这种交易关系就会遭到破坏，企业不仅不能从各利益相关者获得资源和支持，而且还要承担相应的风险，如声誉损失、法律制裁、交易成本增加、消费者抵制、人才流失、再融资困

①宋国恺：“政府购买服务：一项社会治理机制创新”，《北京工业大学学报（社会科学版）》2013 年第 6 期，第 10—16 页。

难等”[①]。可见,企业的一切行为都围绕着“如何获取更高利润”展开,营利性是企业的本质属性,公共产品和公共服务的非竞争性与非排他性决定了企业不能成为公共产品和服务的供给主体。

二、制度环境与政府失灵

“政府失灵”与“市场失灵”如出一辙。自“有限政府理论”提出以来,人们日益关注哪些事情是政府该做的,哪些事情是政府不该做的,哪些事情是政府做不好的。事实上,由于政府干预不当、信息不充分、官僚行为、寻租行为、政府资源不足等因素,政府对市场的调节也会出现效率低下甚至损害公共利益的情况,即被称之为“政府失灵”。

政府调节存在着两个方面的局限性:一是无法有效促进国民经济结构由粗放型向集约型方向发展,“集约型发展依赖于在静态投入水平上发现和执行提高产出水平的生产方法。这要求稳定地提高生产力和效率。粗放型发展存在着明确的限度,而集约型发展在理论上没有止境”[②]。二是新兴社会群体的崛起会对国家和政府在公共事务决策体系和管理体系中的支配地位构成威胁和挑战。举例而言,伴随劳动分工的细化和新职业的出现,社会涌现出一批具有行业特色的专业协会,日益壮大的行业协会和新型社会组织得到政府的政治许可,并介入到某些公共事务中来。根据《中国社会组织评估发展报告(2013)》数据显示,在参加2012年全国性行业协会商会评估的22家单位中,“有13家参加过法律法规起

①张兆国,梁志刚:“利益相关者视角下企业社会责任问题研究”,《中国软科学》2012年第2期,第139—146页。

②【美】戴维·斯基德莫尔:《公民社会、社会资本和经济发展》,载于何增科,包雅钧:《公民社会与治理》,北京:社会科学文献出版社2011年版,第265页。

草或在法律法规制定过程中提出过建议并被采纳；有 15 家参与行业标准、行业发展规划、行业准入条件制定工作的经历”[①]。换言之，政府在干预调节市场经济行为主体的过程中，也创造了削弱其自身力量和自主性的新的社会力量。

除此之外，政府在向社会提供公共产品和公共服务时也会显得力不从心，产品与服务的质量也有待提高。长期的计划经济体制使政府养成了以管理代替服务的模式，更多扮演的是监督者、管理者的角色，包揽了很多事务，导致政府机构的膨胀，引发政府失灵。“为人民服务”常常只为部分人服了务，政府提供公共物品和服务的能力被实践证明是有限度的。而公民社会尚不成熟，社会自我管理功能还很弱，公共服务的市场化和社会化程度较低，使得政府没有提供优质的产品和服务[②]。由此导致的直接后果是：社会公平正义的缺失和政府公信力的弱化。社会成员甚至会对政府的公共性和权威性产生质疑，甚至有的会演变为群体性事件，这也是政府失灵导致的最为严重的社会后果。

还有一种现象十分值得我们关注，即政府部门对社会生活的过度介入，在一定程度对社会组织的行政化趋势起到了“催化”作用，这也是“政府失灵”在社会组织正常履职和组织内部治理体系建设中的重要表现。

一方面，政府直接向社会募捐，干预社会募捐及捐款使用，干扰了社会组织正常的募捐秩序。我国《公益事业捐赠法》规定：“国家鼓励自然人、法人或其他组织对公益事业进行捐赠”，“捐赠应

①徐家良，廖鸿：《中国社会组织评估发展报告（2013）》，北京：社会科学文献出版社 2013 年版，第 66 页。

②高玉春：“非政府组织：服务型政府构建的新路径”，《华中师范大学学报（人文社会科学版）》2014 年第 1 期，第 27—30 页。

当是自愿和无偿的，禁止强行摊派或变相摊派”,“公益性社会团体受赠的财产及其增值为社会公共财产，受国家法律保护，任何单位和个人不得侵占、挪用和损毁”。但由于该法又规定在发生灾害时，县级以上人民政府及部门可以接受捐赠，政府部门则借此发起慈善捐赠活动，甚至要求社会公益组织上缴慈善捐款。政府部门表面上的合法行为变异，行政性地要求很多企事业单位捐款,形成行政强制摊派,引起被强捐者反感,挫伤其捐赠积极性。与此同时,因政府少有向公众交代,信息不对称、不透明,被强制捐赠的人不明善款去向和用途①。

另一方面，政府干预社会组织内部事务，特别是人事管理事务。我国《社会团体登记管理条例》规定:“成立社会团体,应当经其业务主管单位审查同意，并依照本条例规定进行登记”；我国《基金会管理条例》也规定:“国务院民政部门和省、自治区、直辖市人民政府是基金会的登记管理机关”,“国务院有关部门或者国务院授权的组织，是国务院民政等级的基金会、境外基金会代表机构的业务直管单位”。可见,无论是社会团体还是基金会组织,根据国家社会组织登记管理有关法律规定都必须要实行双重领导，这就导致社会组织同业务主管部门产生千丝万缕的联系。例如，有些政府在职人员或退休干部在社会组织中担任兼职或全职，有的政府主管部门直接插手社会组织的重要人事安排，还有的政府主管部门直接对社会组织的决策系统进行控制，并通过税收、行政等手段对其活动范围加以限制。对于政府部门越权破坏社会组织法人主体地位的问题,有学者深表忧虑:“尽管民间组织最终将从组织上逐渐与党政部门脱钩，但与其依然保持着密切的

①康晓光,冯利:《2014 中国第三部门观察报告》,北京:社会科学文献出版社 2014 年版,第 5—6 页。

关系,党政部门依然是这些组织的主管单位"①。令人可喜的是,目前我国一些地方党委和政府已经意识到社会组织的非完全自主性和双重管理体制,对其正常履行社会职能造成的瓶颈性制约与障碍,纷纷出台一系列政策文件为社会组织"松绑"、"减压"。例如,2013 年 11 月,安徽省委出台《安徽省关于从严控制和规范管理党政机关领导干部兼任社会组织领导职务的暂行规定》,《规定》明确:"在职党政机关领导干部不得在行业协会商会、工商经济类联合性社会团体和民办非企业单位、基金会兼任领导职务,退离休领导干部一般也不得在行业协会商会、工商经济类联合性社会团体兼任领导职务。党政机关领导干部确需兼任其他社会组织领导职务的,要履行相应的审批手续,并对兼职的领导干部年龄、兼职的时间、兼职的数量等作出了详细的规定"②。

综上所述,无论是"市场失灵"还是"政府失灵",都为社会组织的存在提供合理性和合法性的理由,市场与政府的"不完美",为社会组织的"完美呈现"创造了条件和空间。

一方面,市场经济体制的成熟与完善促使市民社会同政治国家的分野,"政企不分"、"党政独大"的现象得到彻底改变,"单位"作为计划经济时期中国社会生活的特殊组织逐渐消失在市场的浪潮之下,人才资源的自由流动和生产要素的合理配置充分激发了市场主体的内在活力,这也为社会组织的培育和发展提供了难得的制度环境和发展机遇。

另一方面,政府对社会经济生活的介入难免因政府的"不成熟"、"不理性"而产生负作用,但同时也为社会组织的政治参与和

---

①王高贺:"我国民间组织发展的现实困境及其突破",《理论与改革》2012 年第 6 期,第 72—75 页。

②参见安徽省民政厅网:http://www.ahmz.gov.cn/thread-17961-1.html

制度创新创造了条件,我国的《社会团体管理条例》、《基金会管理条例》、《社会事业捐赠法》等一系列关于规范社会组织活动范围和活动行为的法律法规正是政府加强法制建设、进行法律干预的结果,从一定程度上也为社会组织的存在奠定了合法性基础,“在这种制度环境下,公民获得更多的自由和权利,公民的结社自由才具有了实质性意义。这也为保障公民结社的自由和公民社会组织的相对独立地位,以及为公民的结社获得提供了法律依据,使公民社会组织的发展有了法律上的保障”①。

第三节　社会组织的福利生产及其实现机制

“失灵现象”为社会组织的存在提供了现实且合理的根据。与此同时,社会组织的存在也成为消解“失灵现象”的一剂良药。实际上,社会组织的“结构—功能”向社会责任“让渡”的过程,本质上就是社会组织在市场与政府间寻找新的利益契合点的过程,而为了维持和巩固社会组织同政府和市场三者之间的相对平衡性,社会组织自身就要源源不断地进行社会福利的生产和创造。我们认为,社会福利犹如三者之间的黏合剂,提供社会福利与履行社会责任的关系本质上就是手段与价值的关系。

一、社会组织的福利产品及其类型

那么,社会组织提供哪些社会福利?社会组织提供社会福利

①侯一夫:《中国公民社会的发育——现状、问题与前景》,哈尔滨:黑龙江大学出版社 2011 年版,第 82 页。

的内在机制又是怎样的呢？所谓“福利”是使人们生活幸福的各种条件，“福利的术语就是价值的术语”[①]。“社会福利”不同于个人的幸福，它是一种服务政策和服务措施，其目的在于提高社会成员的物质文化生活水平，提高社会成员个体的幸福感。基于此，我们认为公共产品向福利产品转化的内在机制是：首先，福利不同于需求，福利是一种提升个人及社会成员幸福指数的价值原则。因此，公共产品不等于福利产品。公共产品是由公共部门提供的用以满足社会成员公共需求的非营利性、非排他性的产品。公共产品本应由政府部门提供并纳入政府年度公共财政支出预算，若政府部门无力提供或不能提供本应由政府承担的公共产品，此时的社会成员就处于一种“不幸福”的状态，社会成员会对政府的“不作为”行为表示愤怒与不满，甚至会由此引发群体性事件。此时，若社会组织积极介入政府公共产品供给链条之中，代替政府履行本应由政府承担的公共产品供给责任，那么，社会组织就在很大程度上扭转了社会成员因公共产品供给不足而产生的“不幸福”感。因而，由社会组织代替政府部门提供的公共产品和公共服务就具有了福利产品的性质。我们把上述过程称之为福利产品生产的过程。

社会组织生产的福利产品按其活动领域可以划分为以下 14 类[②]：(1)科技研究类福利产品，如中国科协举办的各类学术报告和讲座，广东省体制改革研究会的课题研究基金项目；(2)生态环

①【英】李特尔：《福利经济学评述》，陈彪如译，北京：商务印书馆 2014 年版，第 99 页。

②划分标准借鉴和参考了联合国推荐的国际非营利组织统计分类体系，参见联合国经济和社会事务部统计司：《国民账户体系非营利机构手册》，联合国出版物（编号：ISBN92-1-561000-6），2003（英文）/2005。

境保护类福利产品，如团中央的“保护母亲河计划”；(3)教育类福利产品，如中国青少年发展基金会的“希望工程”计划、北京青少年发展基金会的“北京希望电脑教室项目”；(4)医疗卫生类福利产品，如浙江护理协会开展的“千名护理志愿者进社区”活动；(5)社会类服务福利产品，如上海乐群社工服务社的社区服务项目；(6)文化类福利产品，如中国光华科技基金会的“书海工程”项目；(7)体育类福利产品，如中国体彩中心实施的群众性体育建设设施建设工程；(8)法律类福利产品，如成都市武侯区青少年犯罪预防研究中心开展的法制宣传和普及活动；(9)工商业服务类福利产品，如深圳市商业联合会的企业家联谊活动和企业文化沙龙；(10)宗教类福利产品；(11)农业及农村发展类福利产品；(12)职业及从业人员类福利产品，如深圳书城培训中心协助深圳人事局和文化局完成的文化系统工人技术等级考试和培训工作；(13)国际及涉外福利产品，如中国国际民间组织合作促进会与国外民间组织达成的合作项目；(14)其他福利产品①。由此可见，某一社会组织生产的社会福利产品可以是单一类别，也可以是多种类别；同一类社会福利产品的生产主体可以是主要活动于该领域的社会组织，也可以是主要活动于其他领域的社会组织，社会组织的行业类型同其生产的社会福利产品的行业类型并不具有线性相关性。

二、社会组织福利产品的生产机制

可以说，在既定的生产能力范围内，社会组织所生产的社会福利产品是极其丰富的。当然，社会组织的福利生产行为并不是盲

①上述举例参见徐家良，廖鸿等：《中国社会组织评估发展报告（2013）》，北京：社会科学文献出版社2013年版；徐家良等：《社会组织的结构、体制与能力研究》，北京：中央编译出版社2012年版。

目的，向社会成员提供政府一时难以供给的公共服务和产品，或者提供在质量和效率方面比市场生产更具优势的优质高效产品，是社会组织进行福利生产的基本导向。这是一种为解决“市场失灵”和“政府失灵”而进行的福利生产，我们称之为“补救性福利生产”。补救性福利生产是社会组织在政府与企业之间针对公共产品和服务供给问题达成的“契约”，社会组织与政府或企业形成“委托代理”关系，政府或企业将生产公共产品或服务的“权”和“责”以平等协商的方式委托给社会组织，社会组织全权代表政府或企业从事社会福利生产活动。因此，这是由其他社会主体赋予社会组织的外部性责任。

需要指出的是，社会组织的社会责任不仅由政府和企业赋予，社会组织自身的“结构—功能”和发展逻辑，决定了社会组织进行福利生产还要在已有社会福利存量的基础上，最大限度地增加社会福利变量，以持续增加社会福祉为导向进行“发展性福利生产”。党的十八届三中全会通过的《中共中央关于全面深化改革若干重大问题的决定》，进一步凸显了社会组织进行发展性福利生产对推进国家治理体系和治理能力现代化的积极作用，《决定》指出：“适合由社会组织提供的公共服务和解决事项，交由社会组织承担”。发展性福利生产使社会组织有了组织自身存在的根本意义，组织的社会伦理价值通过发展性福利生产最终回归于组织自身，而社会组织的功能、价值、目标、效能在发展性福利生产过程中得到充分、全面、有效、生动的彰显。

在社会组织的补救性福利生产和发展性福利生产过程中，均隐含着这样一个环节，即社会组织的福利生产行为在一般情况下是一个持续的、循环往复的过程（有时可能只需要一次循环）。“保护母亲河行动”[①]是典型的多循环的福利生产，“保护母亲河行动”自 1999 年实施以来已走过 15 个年头，活动组委会每年均会开展形式多样的公益活动，每年评选“母亲河奖”，截至 2010 年，该项目共募集资金人民币 4.78 亿元，在全国建设了近 5700 个总面积 450 万亩的工程，吸引了 5 亿多人次青少年参与。我们把这种多循环的社会福利生产形式称为“社会福利的再生产”，“社会福利的再生产”以社会组织的“前次”福利生产为基础，以实现社会组织的自我发展和社会福利产品的持续性供给为导向，也是社会价值主体对社会组织的社会责任进行评价的基本标准。

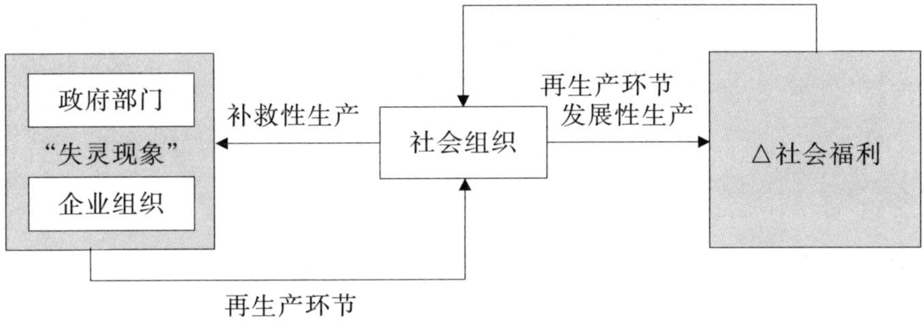

图 3.1　社会组织福利生产内在机制示意图

根据图 3.1 所描述的社会组织补救性福利生产、发展性福利生产和福利再生产的运行机制及过程，我们把社会组织的福利生产的内在逻辑概之为：社会组织在与政府和市场的互动中实现组织“结构—功能”同社会成员需求的对接，一方面需要同政府或企业达成契约协议，通过补救性福利生产解决“失灵现象”，另一方面需要从社会组织存在论的意义出发，通过发展性福利生产使社会组织的价值、目标和责任为自己所占有，社会福利的再生产环

①“保护母亲河行动”是一项大型的群众性社会公益活动，由保护母亲河宣传教育活动、保护母亲河工程和保护母亲河基金三个部分组成。

节是社会组织福利生产得以持续的内在机制，前者寓于后者之中。

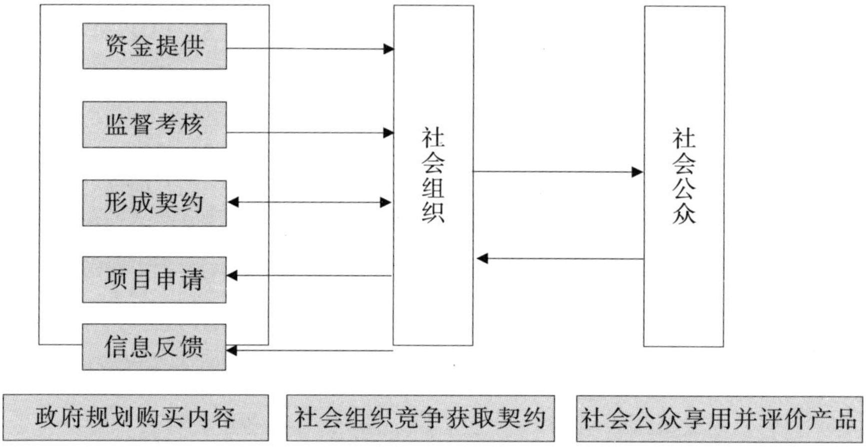

图 3.2　社会组织在政府购买服务中的地位与作用

社会组织向公众和政府提供福利产品并不是完全无偿的，社会组织在进行拟定福利产品生产计划时，同样也会将成本与收益作为生产成本核算的重要依据。究其原因：社会组织的公益性和非营利性迫使社会组织比较强化生产成本意识，降低生产投资与成本奉献，以便实现社会组织可持续性再生产的目标。在市场经济体制下，政府由“全能型政府”向“服务型政府”转变，政府积极推进公共服务市场化和社会化，通过政府购买①的方式推进公共服务市场化改革，运用市场机制提升公共服务的整体质量和效益。

政府在提供社会服务的工程中，由于信息不对称和社会资源不足等原因，往往会带来社会服务的低效率，在一定程度上损害

①政府购买服务，是指政府为了履行服务公众的职责，通过政府财政向各类社会服务机构支付费用，用以购买其以契约方式提供的、由政府界定种类和品质的全部或部分公共服务，是一种“政府出资、定向购买、契约管理、评估兑现”的公共服务供给方式。

了社会公平和公共利益。而社会组织由于其公益性、非营利性和志愿性的特点，往往可以获得更加广泛的社会信息和资源，并能够提供更加专业和高效的社会服务[①]。因此，为了克服政府提供社会服务的不足，很多政府部门开始筹划和实施政府购买服务体系，即社会组织的福利产品通过市场的有偿交易形式转变为公共服务产品。社会组织在福利产品向公共产品转化的过程中扮演着重要角色（见图 3.2）。

第四节　社会组织的制度生产及其伦理向度

制度生产同福利生产一样，都是社会组织实现其社会责任与"结构—功能"相统一的基本手段。如果说社会组织的福利生产为社会成员提供了"看得见、摸得着"的社会福利产品和服务，那么，制度产品则是社会组织履行生产性社会责任的又一重要产品形式。从某种意义上来说，制度产品对社会组织自身价值与目标的实现，对于社会组织存在与发展的社会制度环境，对于整个公民社会的培育都具有重要意义。社会组织的制度供给贯彻了责任伦理原则，所生产的制度产品既对社会组织自身负责，同时也对社会成员和整个社会制度体系负责。

一、责任伦理的内涵

"追善求美"是公共社会所秉持的伦理精神，也是包括社会组

①崔正，王勇等："政府购买服务与社会组织发展的互动关系研究"，《中国行政管理》2012 年第 8 期，第 48—51 页。

织在内的一切社会行为主体基本行动准则，它体现了人们对幸福生活的期待、对社会规则的推崇、对和谐关系的向往、对美好未来的憧憬。然而,善的意图一定能够带来善的后果吗?事实证明,“长期以来，我国公共政治生活奉行的是意图伦理，各类政治组织包括政府只注重自己行为意图的正确和慈善，而忽视自身权利行为的规范和结果。对明显违反法律和道义的滥权行为，对人人皆不欲求的恶劣结果，往往以行为人具有善良的主观愿望和意图予以宽肴和谅解，由此导致乱权行为的普遍化和对行为后果的主观忽视”①。这段话启示我们,无论何种性质的社会组织,只要它围绕着权力、责任、义务、公民释放能量并采取行动,尽管是基于良好的主观愿望，但其行为后果与主观意愿之间并不成线性的因果关联。社会责任亦是如此,社会组织以公益、志愿、服务为其社会活动的伦理诉求，但善的动机未必一定能够为社会组织带来善的结果。因此,我们在研究社会组织的社会责任中,需要引入“责任伦理”这一重要范畴，从社会组织的行为后果审视社会组织社会责任的实现度和认可度。

“责任伦理”是政治哲学的一个重要范畴,也是社会伦理学研究的核心概念。“责任”具有双重含义:一是指份内应该做好的事情,与“义务”相通;二是指承担因不利后果导致的影响和代价。康德认为，人的一切行为均源于责任，责任是一切道德行为的评价标准,也是人的自律意识的外在展示,“行为的道德价值不取决于行为是否合乎责任，而在于它是否出于责任”,“人类行为在道德上的善良,并不因为出于直接爱好,更不是出于利己之心,而是因

①徐邦友:“从意图伦理到责任伦理：中国责任伦理精神的嬗变”,《浙江学刊》2009 年第 4 期,第 121—128 页。

为出于责任"[①]。从康德关于"责任"的定义可知,责任本身就是评价道德的标准和伦理的尺度,它规定了个人行为的道德性质,同时也体现了人在行为过程中的自我约束性以及对行为后果的负责精神。

"责任伦理"最早由德国政治学家马克斯·韦伯(Maximilian Karl Emil Weber)提出,他在《以政治为业》一文中指出:"一切有伦理取向的行为,都可以受两种准则中的一个支配,这两种准则有着本质的不同,并且势不两立。指导行为的准则可以是信念伦理,也可以是责任伦理。这并不是说,信念伦理等于不负责任,或责任伦理等于毫无信念的机会主义"[②]。正如韦伯所说,责任伦理与信念伦理都是指导个体社会行为的价值导向,两者的差异不在于是否"真正负责",而在于主观价值判断与行为后果之间的关系。责任伦理不仅关照个体行动前的价值判断,更以个体行动后的结果和责任意识作为判断此次行动的善恶标准。责任伦理就是"一种对行为及其后果的一种评价与担当意识,它追问行为本身的善恶以及行为后果的良窳,它对人们主观意图的善恶抱有理性的怀疑,并否定一切以善的意图虚饰的恶的作为"[③]。

此后,西方学界开始从责任伦理学的视角反思人类科技进步的后果及影响,责任伦理逐渐进入了科学家的视野。1979 年德裔美籍哲学家汉斯·约纳斯(Hans Jonas)在《责任之原理》一书中以忧

---

①【德】康德:《道德形而上学原理》,苗力田译,上海:上海人民出版社 1986 年版,第 8,128 页。

②【德】马克斯·韦伯:《学术与政治》,北京:生活·读书·新知三联书店 1998 年版,第 107 页。

③程东旺:"从信念伦理到责任伦理:社会潜规则的伦理批判",《理论导刊》2013 年第 5 期,第 48—51 页。

患启示的方法，在全球首次明确地倡导责任伦理学。美国哲学家范伯格(Feinberg))的《责任理论》、唐纳德·肯尼迪的《学术责任》、特里·L.库帕(Terry Cooper)的《行政伦理学：实现行政责任的途径》、汉斯·昆的《全球责任》等著作，从不同领域、不同角度深化了对责任伦理的研究[①]，责任伦理学作为政治哲学和伦理学的重要理论快速发展起来。

责任伦理主要是从人的行为及其后果的维度对个体进行道德评价，并以此实现应有的道德价值。责任伦理主要包括以下四方面内容：

第一，责任伦理倡导“尽己之责”的伦理精神。它与“信念伦理”忽视人的行为后果不同，责任伦理更注重从行为结果方面判断和评价个体行为的道德性质，也就是说，责任伦理要求个人或组织在行动前，要对可能产生的积极后果和消极后果作以评估，确保个人或组织行动的有价值性，避免出现因时间、方法、地点等选择不当而导致不可挽回的损失。

第二，责任伦理提倡恪尽职守的“天职”意识。角色是责任伦理的逻辑起点，拥有怎样的角色就要承担相应的责任，角色越重要就意味着责任越大。角色是社会分工的结果，每一位社会成员都拥有属于自身的角色定位和社会分工，这就要求社会成员恪尽职守、脚踏实地、兢兢业业地开展工作，既不能越位，也不能缺位，并不断提升自己的角色定位，丰富自己的角色身份。

第三，责任伦理强调人的“道义担当”。有学者指出：“责任伦理是人的道德情感和内在责任感，关注人类的行为及其后果，强调人的道义担当和责任精神，人应勇敢地承担起自己应负的责

①田秀云，白臣：“当代中国责任伦理研究的回顾与展望”，《伦理学研究》2010年第3期，第130—135页。

任。唯有把责任伦理转化为高度负责的理性精神，才能使人的责任担当习惯化，逐渐培养良好的伦理品格，塑造现代社会的理想人格”[①]。

第四,责任伦理赋予人类责任意识和伦理关怀。责任伦理要求个人不仅对自己的行为后果负责,更要对他人、社会、国家、民族以及我们所处的自然环境负责。特别是科学发展观的提出，实现了责任伦理学与当代中国实际的有机结合。科学发展观“是合乎科学、合乎人类文明发展规律、合乎人的自由全面发展价值取向的发展,即合乎规律性与目的性相统一的发展”[②]。科学发展观贯彻了责任伦理关于人的个体发展要对社会、国家、环境负责的伦理要求,凸显了责任主体的道德义务和伦理责任。

二、责任伦理与社会组织的制度生产

既然责任伦理是对行为后果的评价与担当意识,因此,具有人格特征的社会组织的行为后果也可以用责任伦理的标尺来衡量。前文已经论述了社会组织的福利生产与社会责任的深层关联。下面，我们将从三个方面论述社会组织的制度供给与社会责任的内在关系。此处需要进一步强调指出，社会组织的制度供给与社会责任两者关系的前提性假设，即制度供给对社会组织而言具有“结果意义”。换言之，社会组织不是简单地向社会成员提供各种制度产品作为其主要职能的，制度往往是以社会组织所提供的社会福利产品的“衍生品”或“制度文化”的形式呈现在世人面前。

---

①陈思坤:“责任伦理:现代公民社会的价值诉求”,《南昌大学学报(人文社会科学版)》2009 年第 1 期,第 32—38 页。

②董德福,史云波:《中国共产党理论创新的自觉》,南京:江苏大学出版社 2013 年版,第 158 页。

一方面，社会组织扮演着社会“减震器”的角色，社会组织主要通过其所开展的社会服务、社会救助、福利服务、倡导行动等，能够有效地通过吸纳、利用社会慈善资金和社会闲散资金，提供资金、技术和信息等服务，及时帮助社会弱势群体融入市场，化解社会矛盾。因而，直接向社会成员提供“看得见、摸得着”的实物产品和服务是社会组织福利产品的主要形式，而制度产品在短时间内显然是不能满足社会成员特别是弱势群体迫切的现实需求的。另一方面，制度作为具有长期性、全局性、稳定性的行为规范，仅凭社会组织一己之力是难以设计制定出统筹各方利益的社会制度的。新制度经济学认为，制度是文化的一部分，是被广泛建立与普遍接受的集体行为的组织模式，“制度强加在个人选择上的各种约束是普遍存在的”[①]，制度的强制性和普遍约束性决定了社会组织没有资格也没有能力去制定覆盖全社会共同遵循的社会规范，只有执政党或政府才能进行“顶层设计”，依法制定社会成员行为准则。正因为“制度”作为社会组织的“结果意义”的存在，才为我们从责任伦理的视角考察制度供给与社会组织的社会责任提供了可能。

首先，社会组织本身就是一种制度创新。从民主政治发展的角度看，社会组织的产生与发展本身就是一种制度创新。20 世纪 80 年代以来，社会组织首先在西方发达资本主义国家兴起，并逐渐发展成为全球治理和区域治理的重要力量。改革开放以来，我国社会主义市场经济体制确立并持续完善，以按劳分配为主、多种分配方式并存的分配制度得以巩固。与此伴随新的社会力量的崛起，新的价值观念的散播、新的利益表达形式的出现，为社会组织

①卫志民：《经济学史话》，北京：商务印书馆 2012 年版，第 242 页。

的快速发展奠定了经济与社会基础。据不完全统计，截至2008年6月，“在中国取得执照资格和注册登记的各类非政府组织有90多万个”①。

当回顾20世纪80年代初社会组织恢复并快速发展的时代背景时，我们不难发现，中国共产党制定的改革开放政策和社会转型的现实，驱动了中国政治体制和社会体制的全面而深刻的变革，社会生活的内在活力、创新力和想象力尚未从“文革”时期紧张的社会政治氛围中摆脱出来。正在此时，由农民自发主导的农村家庭联产承包责任制改革的潮流同知识精英渴望结社投身改革的洪流奇迹般地汇聚起来，党和政府的大力支持更打消了知识精英对结社行为的思想顾虑。社会组织的恢复与发展给计划经济时代下的中国社会制度体系带来了根本性的变化：一方面，社会组织的存在打破了“文革”时期“一党包办天下事”的制度架构，社会组织也开始独立承担某些社会职能（例如决策咨询和科学研究职能）。另一方面，政府对社会组织的认可使政府的职能定位由“万能政府”回归到“有限理性政府”，政府开始注意到应吸纳社会力量参与社会公共治理活动，民主参与和民主决策的种子开始培育并生长于社会这片肥沃的土壤之中。正如有学者所说：“各种形式的社会组织无疑作为解决体制失灵的一种新的和有效的制度因素，相对于百孔千疮的失灵的旧体制而言，新的各种社会组织显然充满了希望”②。

第二，社会组织推动社会制度体系的变革与创新。从社会治理的角度看，社会问题的治理和公共事务的管理，需要社会组织以公共决策者的身份深入介入公共管理部门的政策议程设计和执

①戴昌桥：“中国非政府组织现状探析”，《求索》2012年第4期，第60—62页。
②王名：《社会组织论纲》，北京：社会科学文献出版社2013年版，第74页。

行体系中,以此推动社会管理制度和运行机制的变革与创新。社会转型极大改变了社会的本来面貌,一方面为我们创造了宝贵的社会财富,社会生产力得到显著提高,人们的精神世界和情感体系得到空前的解放和发展,百姓日常生活的品质得到明显改观。另一方面,社会转型诱发和衍生的一系列社会问题,也成为社会成员对公共管理部门产生“政治不满”和“政治怨恨”的温床,“不断生成的新型社会力量和原有的力量之间或有对抗,或有合作,但他们都力图雕刻和改变所有中国人的日常生活和生命诉求,也力图争夺积极的认知评价、情感体现和行动承诺”①。置身于转型环境中的社会组织,其行动语境和行动逻辑也在发生深刻的变化。社会组织试图在同公共管理部门的协商与对话中争夺更多的政治话语权和行动资源,推动社会管理体制自下而上的制度变迁。社会组织有效整合了散置于民间的个体行动力量,作为政治参与的“第三极”积极发挥对立法、公共政策、宏观调控和公共服务的干预功能,通过直接向党或政府提出意见和建议影响政治行为和公共政策。党的十八大将“协商民主”作为推进中国政治民主化建设的重要内容写入政治报告,强调“要健全社会主义协商民主制度”,其目的就是通过包括社会组织在内的各种社会政治参与力量和渠道,就当代中国社会治理和涉及群众切身利益的重大问题广泛协商、广纳群言、广集民智,构建多元社会力量广泛参与的社会治理体系。

第三,社会组织通过制度建设改善治理体系。从组织治理的角度看,加强社会组织制度建设是建立现代组织治理结构的内在要求。健全的制度规范体系是社会组织实现其组织目标和社会责任

①方文:《中国社会转型:转型心理学的路径》,北京:中国人民大学出版社2013年版,第307页。

的重要保障，也是考察社会组织履行社会责任能力的基本指标。对社会组织而言，组织的章程是社会组织制度体系中最重要、最根本的制度内容，我国《社会团体登记管理条例》第十五条对社会团体章程的内容和结构作出详细规定："(1)名称、住所；(2)宗旨、业务范围和活动地域；(3)会员资格及权利义务；(4)民主的组织管理制度，执行机构和产生程序；(5)负责人的条件和产生、罢免的程序；(6)资产管理和使用的原则；(7)章程的修改程序；(8)终止程序和废止后资产的处理；(9)应当由章程规定的其他事项。"章程在社会组织制度体系中占据核心地位，决定着社会组织的民主管理制度、活动原则、工作程序和权责关系，"最为重要的是要建立起较为系统的自律制度和机制"①。

社会组织在发展过程中也要不断对其制度体系进行修改和完善，以期实现科学、民主、高效、规范的组织管理目标。譬如，"上海浦东非营利组织发展中心的规章制度建设也随着组织的发展不断进行修改和完善，如具体的管理制度、薪酬制度、董事会的会议制度等，特别是薪酬制度、员工手册都经历了多次修改"②。总之，"制度供给"是社会组织在释放组织功能后的客观结果，社会组织在行动前对其并未提前作出前提预设。制度产品是社会组织福利生产的"衍生品"，制度产品本身及其渗透此中的担当意识是社会组织责任伦理的生动体现。

总之，无论是社会福利产品还是制度产品，都是社会组织履行生产责任的结果，都是社会组织对社会物质文明和制度文明作出

---

①庞承伟：《社会组织发展理论研究与实践探索》，北京：中国社会出版社2013年版，第80页。

②徐家良：《社会组织的结构、体制与能力研究》，北京：中央编译出版社2012年版，第58页。

的积极贡献,两者无关孰轻孰重。更重要的是,社会组织的生产行为及其生产责任的实现推动了整个社会的发展与进步。然而,有一种现象也值得我们关注并深刻思考,即在社会组织生产性行为中存在着“一边倒”的倾向,也就是说社会组织在福利产品生产意识和生产能力方面要强一些,在制度产品供给意识和供给能力方面要弱一些。究其原因,这与社会组织所处的特殊社会制度环境有很大关系。

三、社会组织制度生产的现实困境

众所周知,因为历史与现实、主观与客观、必然与偶然等多重因素的影响,社会组织的制度供给也存在着诸多困境,这在一定程度上制约了社会组织参与社会职能的发挥,同时也对公民社会的培育产生了一定消极影响。总体来看,社会组织制度供给的现实困境是由以下几个因素(但并非全部)共同作用的结果。

第一,中国传统政治文化的排斥。历史上,中国是一个典型的封建主义专制国家,中国传统文化中的“君臣”和宗法等级观念至今也未能完全散去,自给自足的小农经济和手工作坊进一步把公民同社会割裂开来,公民与国家政权及其管理者和统治者们之间暗藏着一条难以逾越的鸿沟,公民被牢牢地封闭在自己的“小圈子”内。因此,中国传统政治文化使社会组织独立进行制度生产显得十分艰难。

第二,封闭式的制度生产体系将社会组织拒之门外。制度生产体系就是政府的公共决策过程体系。新中国成立特别是改革开放以来,我国先后进行了六次大规模的政府机构调整,以“服务、高效、廉洁、有限”为目标的现代政府公共决策体系初步形成。有学者指出:“政府系统作为一个官僚制的行政组织体系,其内部管理从规范上讲,必须是行政命令式的,是一个“命令—服从”的运动模式,会把效率置于首位,没有民主和平衡可言,也不需要讨价还价,权力必须是集中的”①。政府部门封闭独立式的管理规则决定了政府公共决策体系也是封闭和独立的。尽管社会组织是公共决策参与的重要主体,但在现实公共决策实践中,社会组织的参与程度与参与范围十分有限,正如有学者断言:“在政策制定的过程中,政策输入的主体是权力精英,社会利益的表达和整合主要由政府内部的权力精英来承担,社会力量和公民对政策的影响很小。整个社会政策制定系统呈现出一个封闭的体系,政府与外部之间缺少必要的交流,政府几乎垄断了决策信息”②,同时也几乎垄断了制度生产的权力。

第三,福利生产与制度供给相比更具操作性。尽管福利生产与制度供给都是社会组织履行生产责任的两种手段,但从可操作性层面看,福利生产对于社会组织来说更容易、更便捷,效果也更明显。福利生产的主要任务是向社会弱势群体提供公共产品与公共服务,是社会财富的第三次分配,福利生产不仅可以有效缓解社会贫富差距和对立的紧张状况,还可以得到更多社会成员的积极响应和政府部门的大力支持。福利生产的本质就是社会资源的再分配过程,民间蕴藏的社会资源的储量是巨大的、难以估量的,这就从根本上决定了福利生产的可操作性和可实现性,同时国际社会蕴藏的社会资源储量也是不可低估的。以防治艾滋病公益活动为例,“自 1995 年以来,境外的非政府组织,联合国艾滋病规划署

---

①张康之:《行政观念的伦理与视野》,北京:中国人民大学出版社 2008 年版,第 78—79 页。

②罗依平:《地方政府决策研究》,湘潭:湘潭大学出版社 2011 年版,第 50 页。

等都增大了对我国艾滋病防治领域非政府组织的资助力度，发达国家的海外开发援助机构和国际金融组织也开始关注我国非政府组织在艾滋病防治领域的作用，并为他们提供了资金方面的支持”①。

第四，社会组织制度供给的自觉意识有待提高。制度供给是社会组织的自主性行为，社会组织制度供给的意识、意愿和需求对制度产品的生产具有重要影响。当然，我国社会组织制度供给的意识和意愿还处于较低水平，这同社会组织的专业化发展趋势和政治参与意识较弱有很大关系。一方面，职业化和专业化的发展趋势，使社会组织更加注重对其活动领域的业务能力的提升，它们将更多时间和更多财力投入到社会组织福利产品生产能力提升建设中，难以划拨或预留出政治参与的时间和精力。另一方面，社会组织的政治参与热情不高，因受业务主管部门和民政部门的双重管理，社会组织政治参与的政策环境尚不完善，特别是大量存在民间的草根组织，它们的合理建议得不到政府部门的重视和回应，极大消解了社会组织政治参与的积极性②。

四、社会组织制度供给的伦理向度

首先，以完善社会组织内部制度体系为重点，着力优化社会组

①徐莉：《非政府组织与社会支持体系的构建——以艾滋病防治领域为例》，北京：中国社会科学出版社 2012 年版，第 97 页。

②还有学者以草根环保组织为例，对社会组织政治参与意识不强进行了客观分析：（1）在有关方面的压力下，部分环保组织工作转向不易引起争议的环境教育以及社会环保项目；（2）草根环保组织专业性不够强，难与政府部门的专家进行有深度的辩论；（3）部分积极参与立法和公共政策制定的草根组织的参与诉求较为单一、极端，很难为政府接受；（4）环保组织主要通过舆论向政府施压来解决问题，但单纯采用媒体途径容易受到媒体固有缺陷的限制，如容易煽动和误导，反而不利于问题的解决。参见冯利，章一琪：《中国草根组织的功能与价值》，北京：中国社会科学出版社 2014 年版，第 98 页。

织的内部治理结构。社会组织的良性运转离不开健全的内部制度体系，健全制度体系对组织各项功能的运转、组织目标的如期实现、组织凝聚力的提升都具有重要意义。优化社会组织的内部治理结构的关键就是要完善社会组织内部制度体系建设。对社会组织而言，章程就是社会组织的“小宪法”，已经成立的社会组织要按照国家有关法律法规的最新规定及时修订和完善组织章程，使组织章程更好地体现组织的社会责任、结构功能、权利义务和价值目标；对于正在着手准备成立的社会组织，要在广泛调研和征求意见的基础上做好组织章程的起草工作。在科学制定组织章程的基础上，社会组织还要按照“科学合理、激发自主、高效透明”的总原则，制定好社会组织的人事管理制度、财务管理制度、决策程序制度、责任追究制度等，使具体管理制度和组织章程相得益彰，既要体现社会组织的一般原则性规定，又要体现不同社会组织的鲜明特征，在贯彻制度设计普遍性的同时掌握灵活性。

其次，以搭建第三方评估监督平台为载体，健全社会组织外部评价体系。社会组织的良性运转和社会功能的最大发挥离不开强有力的内外部监督，其中内部监督是指社会组织的内部监督系统，如社会组织成员的个人监督以及监事会、检查委员会组织监督等；外部监督是指包括政府监督、法律监督、其他社会组织监督、舆论监督等。其中，第三方监督是社会组织外部评价和监督的重要平台。一方面要完善社会组织的信息公开制度，积极主动向社会组织的管理者、业务主管部门、组织成员、地方政府、行业机构及其他利益相关者报告组织的财务、运行、人事等关键信息，“主动通过有效途径，真实、准确、完整、及时地向主管部门、登记管理部门、税务管理部门以及社会披露，以有利于各利益相关者参与治理”[①]，解决社会组织与组织成员及利益相关者信息不对称的问题，提高社会组织的透明度和开放性。另一方面，第三方评估机构要建立健全对社会组织的监督和评价认证体系，科学设计监督评价指标，按照公开、民主、透明的原则对社会组织的组织队伍建设情况、财务管理情况、社会责任履行情况等展开监督检查，为政府部门加强和改进社会组织管理以及促进社会组织的自我革新提供参考依据。

再次，以建立健全社会组织法律法规体系为突破口，为社会组织制度供给提供根本保障。良好的法律环境和政策环境对社会组织制度供给至关重要，社会组织制度供给的合法性需要通过国家法律法规加以确定和巩固。从总体上看，社会组织的依法管理，主要是依据法律法规政策进行的，“坚持依法管理，是社会组织管理的共性要求，是‘法’的覆盖面和稳定性所决定的；坚持依法管理，就是要以宪法、法律、法规等管理好社会组织，按照《社会团体登记管理条例》、《民办非企业单位登记管理暂行条例》、《基金会管理条例》等法规抓好社会组织的日常管理”[②]。同时，还要加快推进社会组织的激励立法工作，通过财税法律手段对社会组织的建设、发展与活动提供优惠政策，减轻社会组织财税负担，激发社会组织内在活力，“适时借鉴国外税法优惠实践，对于我国民间组织开展捐赠与公益事业有良好的促进作用”[③]。

---

①刘俊，宋敏：“青年民间组织规制的伦理向度”，《当代青年研究》2010年第9期，第41—45页。

②陈志卫，戴志伟：《新社会组织实践与研究》，北京：中国社会出版社2008年版，第290页。

③李承伟，陈刚：“当前我国民间组织建设中的制度瓶颈及出路”，《学习与实践》2011年第12期，第99—104页。

最后,以开辟社会治理参与机制为手段,大力增强社会组织制度供给的主动性。党的十八届三中全会指出，全面深化改革的总体目标就是实现国家治理体系和治理能力的现代化。全球治理委员会于 1995 年对“治理”作出如下定义:“治理是或公或私的个人和经营机构管理相同事务的诸多方式的总和。它是使相互冲突或不同的利益得以调和并且采取联合行动的持续的过程。”鼓励社会组织参与社会治理，就是促使政府将部门公共管理权力和服务事项让渡给社会组织,增强社会组织制度供给的主动性。

美国著名制度理论家道格拉斯·诺斯（Douglass Cecil North）曾指出,国家的存在有两个目的:一是界定形成产权结构的竞争与合作的基本规则,这能使统治者的租金最大化;二是在第一个目的的框架中降低交易费用以使社会产出最大，从而使国家税收增加。在诺斯看来,国家的这两个目的并不完全一致,第二个目的包含一套使社会产出最大化而完全有效率的产权，而第一个目的是企图确立一套基本规则以保证统治者自己收入的最大化[①]。这表明,“如果政府意识到自己对社团组织的过度介入,损害了自身利益的时候,就会有足够的动力去约束自己的权力,赋予社团组织更大的自主性”[②],而政府权力让渡社会组织的过程,就是社会组织积极参与社会制度、推进制度变迁和强化制度供给的过程。

综上所述,生产责任是社会组织的首要社会责任,福利生产与制度生产是社会组织生产责任的两项重要内容。在福利生产方

①【美】道格拉斯·诺斯:《经济史中的结构与变迁》,陈郁译,上海:上海三联出版社 1999 年版,第 58 页。

②高红:《城市整合——社团、政府与市民社会》,南京:东南大学出版社 2008 年版,第 131 页。

面，社会组织以契约等形式同政府达成政府购买协议，在与政府的平等交易中实现了福利产品向公共产品的转换。在制度生产方面，社会组织的存在本身就是一种制度创新，并且推动着社会制度体系的整体变迁和革新优化。在强调国家治理体系和治理能力现代化的今天，中国社会组织的生产责任，显得尤为重要。

第三章 社会组织的治理责任

如果说生产责任是社会组织的首要社会责任，是社会组织依托其组织体系和运行机制可以独立实现的话，那么治理责任则需要通过社会组织、政府、企业和公民等多元社会主体共同加以确认。换言之，福利责任可以“单枪匹马”地实现，具有相对独立性和竞争性；但治理责任必须“协同推进”，具有关联性和协作性。

审视中国社会组织的发展历程，我们不难发现，社会组织因社会治理的需要而存在、发生、发展和壮大。当然，对于“治理”理念的塑造和定型也经历了一个漫长的过程。然而，毋庸置疑的是，抛开作为现代政府管理主流概念的“治理”话语体系，中国的社会组织自从产生之日起，就自觉地担负起社会治理的重任。那么，如何全面理解“治理”这一概念？社会组织是如何介入政治系统，参与社会政治生活进而成为社会治理的主体？如何构建多元参与的社会治理体系？这是本章所要探讨的主题。

第一节　“治理”：公共管理范式的重大变革

“治理”是当下公共管理、政党政治乃至政治哲学研究领域中一个十分时髦的词汇。特别是党的十八届三中全会审议通过的《中共中央关于全面深化改革若干重大问题的决定》指出：“全面深化改革的总目标就是完善和发展中国特色社会主义制度，推进国家治理体系和治理能力现代化”。“治理”是西方公共管理和行政管理学的重要概念，它不仅为实现政府善治提供了理论依据和方法论指导，更为当代中国社会管理和政治体制改革提供了新的思路。

伴随全球经济一体化的深入推进和国际政治经济格局的深度调整，人类社会生活发生着深刻而复杂的变化，并集中表现在公民的政治参与实现机制、权利意识和利益表达的实现机制、公共选择的主动性和社会责任履行机制等方面。可以说，当代世界已经进步入了多元治理的时代，当代中国已经迎来了“治理复兴”的曙光。治理催生了现代文明，同样现代文明也需要通过公共治理得以维护和延续。“每一个社会、每一种伟大的文明都产生了治理的特殊传统，分别产生了风格各异的治理，大部分民族国家宪法的前言，也都以不同的语言，按地方、文化和时代的不同，提到了治理的远大目标”①。治理作为公共管理的全新范式和价值诉求，正在悄无声息地改变着中国传统的政治文化和政治生态，同时也

①【法】皮埃尔·卡兰默：《破碎的民主——试论治理的革命》，高凌瀚译，北京：生活·读书·新知三联书店 2005 年版，第 9 页。

成为新兴社会组织发展壮大的第二个“春天”。

一、“治理”的流变

“治理”(Governance)的汉语意义可以理解为“政治权威通过权力运作使乱的状态变成治的状态”,所谓“治”即一种有序的、和谐的、各种利益关系得以妥善处理并稳定相处的状态。在西方政治话语体系中,“治理”经历了漫长的历史流变,呈现出不同的理论范式和话语模式。有学者将其生动地比喻为:“这一变化反映了民主自治传统在当代政治生活中的复兴和拓展”[①]。

关于“治理”,学界始终未能对其内涵与外延的界定达成一致,这也说明“治理”所涵盖的领域和范围是超乎一般学者所想象的。在不同的研究领域,在不同的时空场域,在不同的话语范式下,治理与其他学术范畴紧密联系,可以说,治理是当代人文社会科学使用最为广泛、最为全面的概念之一。例如经济学、管理学中的“公司治理”,社会学、人类学中的“社会治理”、“乡村治理”,传统学中的“网络治理”,政治学中的“政府治理”,国际关系学、外交学中的“国家治理”、“国际治理”等。西方国家最早关注治理理论,对“治理”的内涵与外延作了较为深入的研究。

奥利弗·E.威廉姆森(Oliver·Eaton·Williamson)从经济学的视角分析了经济组织与治理的关系。他认为,经济组织的许多难题引发了事后对治理机制的考察和阐释,治理关注的是各种形式的合约风险的鉴别、解释和缓解。治理是一项评估各种备择组织模式(手段)的功效的作业,目标是通过治理机制实现良好秩序,因此,治理结构可以被视为制度框架,一次交易或一组相关交易的

①【英】戴维·赫尔德:《民主的模式》,燕继荣等译,北京:中央编译出版社1998年版,第118页。

完整性就是在这个框架中决定的。他还认为，治理也是一种工具，秩序就利用这一工具而在某种关系中得到实现，在这种关系中，潜在的冲突有着消解实现共同利益的机会或使其无效的威胁①。这种观点从经济组织的结构与功能出发，强调了治理对于维护组织内部良好的运行秩序、高效地实现组织目标的积极作用。然而仅仅将治理组织看作良性运行的手段或工具却将“治理”的范畴大大狭隘化了，治理不仅是实现组织目标的工具，更是实现社会善治、政府善政的社会管理理念。

詹姆斯·N.罗西瑙(James·Rosenau)将治理定义为一系列活动领域里的管理机制，他们虽未得到正式授权，却能有效发挥作用。他认为治理不同于统治，治理指的是一种由共同目标支持的活动，这些管理活动的主体未必是政府，也无须依靠国家的强制力来实现。治理由共同目标所支持，这个目标未必出自合法性和正式规定的职责，也不一定需要依靠强制力量克服挑战而使别人服从。“治理只是被多数人接受(或至少被它所影响的那些最有权势的人接受)才会生效的规则体系；然而政府的政策即使受到普遍的反对，仍然能付诸实施”，“因此，没有政府的治理是可能的，即我们可以设想这样一种规章机制：尽管他们未被赋予正式的权力，但在其活动领域内也能够有效地发挥功能”②。这种观点强调了治理主体的自主性、参与性和非强制性，指出了治理的本质就是社会主体达成政治契约，推进共同目标的实现。然而，这种观点忽视了政府在治理体系建设中的重要作用，否定了实际政治生活

①【美】奥利弗·E.威廉姆森：《治理机制》，北京：中国社会科学出版社 2001 年版，第 13—14 页。

②【美】詹姆斯·N.罗西瑙：《没有政府的治理》，南昌：江西人民出版社 2001 年版，第 5 页。

中治理的实现也需要国家强制力为后盾,毫无约束的公民社会和绝对自由是不存在的。

马克·普莱特纳 (Mark·Breitner) 从治理与国家角色的关系出发,阐述了治理对于推进国家民主建设的积极作用。他认为,“即使当时的地方环境和人民爱好允许民主制度存在,民主制度也不能马上拿出一套关于行政管理和政府建制的方案”,“民主的自由举办的事业,不能每项都像开明的专制所做的那样完善,它往往在一项事业取得成功以前就半途而废,或拿事业去冒风险。但是,随着时间的推移,它举办的事业将比专制举办的越来越多。它办好的事业虽然较少,但它举办的事业却很多。在民主制度下,蔚为大观的壮举并不是由公家完成的,而是由私人自力完成的。民主并不给予人民以最精明能干的政府,但能提供最精明能干的政府往往不能创造出来的东西:使整个社会洋溢持久的积极性,具有充沛的活力,充满离开它就不能存在或无论环境如何不利都能创造出奇迹的精力”①。这种观点指出了实现善治目标的实现必须依赖民主的政治环境,同样,国家民主政治建设也需要通过公民、政府和其他社会主体的共同治理来实现。

除此之外,还有众多国内外学者对“治理”的内涵作出界定。阿贝特·科勒·科赫(Arbeiter·Koch)认为,“治理是关于不同公民的偏好意愿转化为有效政策选择的方法手段和多元社会利益转化为统一行动以及怎样实现社会行为体的服从”;罗茨(Rose)认为,“治理意味着统治的含义有了变化,意味着一种新的统治过程,意味着有序统治的条件已经不同于以前,或是以新的方法来统治社会”;日本学者星野昭吉认为,“治理的本质是一种非暴力、非统治

①【美】马克·普莱特纳,宋阳旨译:“反思‘治理’”,《国外理论动态》2014 年第 5 期,第 23—29 页。

的治理机制，而不是强迫和压制”[1]。

面对如此众多的关于治理内涵的界定方式和建构原则，1995年，全球治理委员会对“治理”做出了具有代表性和权威性的界定。全球治理委员会在《我们的全球伙伴关系》研究报告中对“治理”做出如下界定：治理是各种公共的和私人的个人和机构管理其共同事务的诸多方式的总和。它是使相互冲突的或不同的利益得以调和并采取联合行动的持续过程。这既包括有权迫使人们服从的政治制度和规则，也包括各种人们同意或以为符合其利益的非正式的制度安排。它有四个特征：治理不是一整套规则，也不是一种活动，而是一个过程；治理过程的基础不是控制，而是协调；治理既涉及公共部门，也包括私人部门；治理不是一种正式的制度，而是持续的互动[2]。尽管国内外学界对“治理”的理解各有侧重，但共同反映出“治理”作为一种新的政治生态和社会文化样态对社会科学研究产生的巨大影响，由此也必将进一步推动现代政府转型升级和公民社会自然培育。

二、“治理”：传统公共管理范式的超越与突破

我们认为，作为一种崭新的公共管理范式，“治理”对传统公共管理的超越和突破主要表现在以下三个方面：

首先，公共治理与公共管理存在根本性差异，对传统公共管理范式的反思就是“治理”的存在论意义。事物发展的过程就是事物自我“否定—肯定—再否定”的循环往复的过程，每一次“否定”都

---

①吴志成：“西方治理理论研究述评”，《教学与研究》2004年第6期，第60—65页。

②全球治理委员会：《我们的全球伙伴关系》，牛津大学出版社1995年版，第23页。

比前一次“确认”更为深刻，影响也更为深远。马克思是“否定哲学”的推崇者，他在指出黑格尔《现象学》中的批判要素时指出：“黑格尔的《现象学》及其最后成果——辩证法，作为推动原则和创造原则的否定性——的伟大之处首先在于，黑格尔首先把人自我生产看作一个过程，把对象化看作非对象化，看作外化和这种外化的扬弃”①。“治理”作为一种公共管理新范式的提出，其本身就是对公共管理传统范式的“否定之否定”的过程，这也是“治理”能够引起学界和统治集团重视的原因所在。因此，从存在论意义上看，治理本身的真正价值在于对传统公共管理思维和方式的根本超越。

传统公共管理理论建立在威尔逊和古德诺的“政治行政二分法”以及马克斯·韦伯的官僚制理论基础上，注重公共管理的质量和效益，过分强调公共管理的权威主体性和组织层次性，忽视了公共管理各主体之间是可以通过非制度性安排就某种共同目标达成一致或默契。由此导致的问题是：现代公共管理主体特别是政府部门面对某些社会公共事务显得力不从心或无能为力，即政府职能的无限扩张并没有把社会公共事务管理得更好，反而降低了政府的行政效率，失去了公民信任，最终导致管理危机和政府失败。

美国著名经济学家詹姆斯·布坎南(James·Buchanan)认为，政府作为公共利益的代理人，其作用是弥补市场经济的不足，并使各经济人员所做决定的社会效应比政府进行干预以前更高。否则，政府的存在就无任何经济意义。但是，政府决策往往不符合这一目标，有些政策的作用恰恰相反。它们削弱了国家干预社会的

①《马克思恩格斯全集》(第3卷)，北京：人民出版社2002年版，第319—320页。

"正效应",也就是说,政策效果削弱而不是改善了社会福利[①]。与此同时,冷战结束后,传统安全问题与非传统安全问题的并存也迫使各国政府重新思考,应该建立一个怎样的国际经济政治关系新秩序,如何更好地参与国际合作和国际交往,通过民主协商的方式妥善处理国际问题争端, 共同维护世界和平稳定。在政府改革运动和构建新型国际政治经济关系的双重驱动下,作为一种政治理念、行为范式或学术话语的"治理",获得了其存在、生成和发展的土壤。正如有学者所说:"治理代表了人类社会发展的基本方向,是世界各国通向现代化之路的普遍追求和必然选择"[②],这正是"治理"得以存在的根本意义。

其次,治理实现了公共事务管理模式的变革,治理目标的路径依赖由传统的规章制度转变为共同价值。治理与统治和管理的最大不同在于,治理不仅承认政治权威主体(如政府、政党等公共部门)在公共事务管理中的主体作用,同时也承认非政治权威主体(如社会组织、企业、公民等非公共部门)在公共事务管理中的建设性作用,甚至将非政治权威主体的地位和作用进一步提升和强化。由此导致了公共事务管理由"一元主体"向"多元主体"的变革。

我们知道,由"一元主体"主导的公共事务管理模式是建立在统治集团的政治合法性及其规章制度基础上的,没有统治集团的强大的国家机器,特别是国家暴力机关做后盾,政治统治是难以实现的。而由"多元主体"主导的公共事务管理模式是建立在公共的价值追求和利益目标基础之上,通过民主协商或对话谈判等途

①忻林:"布坎南的政府失败理论及其对我国改革的启示",《政治学研究》2000 年第 3 期,第 86—94 页。

②张小劲,于晓虹:《推进国家治理体系和治理能力现代化六讲》,北京:人民出版社 2014 年版,第 35 页。

径，达成政治共识或政治契约，进而实现共同善治。当再次回顾治理的基本特征时，我们则会更为深切地体会到这一点："多中心意味着在社会事务管理过程中，并非只有政府一个主体，而是存在着包括中央政府、各级地方政府、各级政府派生组织、各种私人机构以及公民个人在内的多个决策中心"[①]。正如有学者所说："这些主体相互依存，以共同的价值观为指导，以达成共同立场为目标进行协商和谈判，通过合作的形式来解决各个层次上的冲突问题"[②]。

第三，治理打破了以资本主义国家为中心的"西方经验主义"格局，其实现形式被赋予更多的民族特征。长期以来，西方国家凭借其强大的综合国力、资本主义发展的历史和民主政治制度体系的所谓"高度成熟"，对外强制性地进行意识形态输出，特别是将西方国家政治体制和社会管理机制片面地移植于世界各地每一个角落，以此对民族国家进行意识形态和价值观念的渗透。就中国而言，"一方面，他们利用各种宣传媒介不遗余力地进行西方价值观的宣传和输出，积极争夺思想文化阵地；另一方面，他们通过对我国的传统文化经典进行细说和丑化，破坏中华民族的情感，消减中华民族的凝聚力"[③]。以西方资本主义国家为中心的"西方经验主义"长期主导着发展中国家政治体制和社会管理体制的发展和改革方向。而"治理"理念的提出有助于打破这种西方主导的格局。

首先，治理要求实现多主体、多中心的社会善治，强调各类社会主体平等地参与社会管理与国家政治生活。由于每一个国家、

---

①唐娟：《政府治理论》，北京：中国社会科学出版社 2006 年版，第 84 页。

②龙献忠，杨柱："治理理论：起因、学术渊源与内涵分析"，《云南师范大学学报（哲学社会科学版）》2007 年第 4 期，第 30—34 页。

③姚小玲，刘佳："美国战略东移背景下的中国文化软实力建设"，《北京工业大学学报（社会科学版）》2013 年第 4 期，第 36—40 页。

每一个地区的社会发展阶段和社会现状迥异，这就决定了每一个国家、每一个地区的治理体系建设的地域性和差异性。其次，西方国家若想平等地参与国际政治经济新秩序的构建，就必须积极主动地同世界各国（包括发展中国家和欠发达国家）开展协商民主对话，更好地发挥国际经济政治组织在国际事务中的积极作用。仅凭一己之力，依靠强权政治和军事干预充当国际事务领导者的时代已经一去不复返了。正如习近平所说："面对世界经济的复杂形势和全球性问题，任何国家都不能独善其身、一枝独秀，这就要求各国同舟共济、和衷共济，在追求本国利益时兼顾他国合理关切，在谋求本国发展中促进各国共同发展，建立更加平等均衡的新型全球发展伙伴关系，增进人类共同利益"[①]。

第二节　中国语境下的"治理"图景

中国共产党十八届三中全会标志着中国人民在实现国家治理体系和治理能力现代化进程中迈出了坚实的一步。然而，问题在于，中国悠久的政治文化并不缺乏"治理"资源，但中国现实政治的复杂性同样不会使"治理"触手可及。

中国传统文化"是按照统治者'治国理政'的意义来阐释'治理'含义的。治国理政是中国传统政治文化的重要命题和构成内容，其基本含义是统治者治理国家和处理政务之意"[②]。回溯中国

①中共中央文献研究室：《习近平关于全面深化改革论述摘编》，北京：中央文献出版社 2014 年版，第 128 页。

②王浦劬：《科学把握"国家治理"的含义》，《光明日报》2013 年 12 月 29 日。

古代史不难发现，自秦统一中国以来，高度集权的中央体制便得以确立并延续至近代。在中国古代社会中，皇权是政治权力的唯一来源，以皇权为顶峰，自上而下地构建起金字塔状的中国古代官僚等级体系。

打倒一个专制政权很容易，但是清除一种专制思想却需要很长的历史时间。1981年，中国共产党十一届六中全会通过了《关于建国以来党的若干历史问题的决议》。该《决议》在反思“文化大革命”之所以会发生并且持续十年之久的原因时指出，除了毛泽东在领导上的错误这一直接原因之外，还有复杂的社会历史原因，其中包括：“中国是一个封建历史很长的国家，我们党对封建主义特别是对封建土地制度和豪绅恶霸进行了最坚决最彻底的斗争，在反封建斗争中养成了优良的民主传统；但是长期封建专制主义在思想政治方面的遗毒仍然不是很容易肃清的，种种历史原因又使我们没有能把党内民主和国家政治社会生活的民主加以制度化，法律化，或者虽然制定了法律，却没有应有的权威。这就提供了一种条件，使党的权力过分集中于个人，党内个人专断和个人崇拜现象滋长起来，也就使党和国家难于防止和制止‘文化大革命’的发动和发展。”

对体制和机制的变革与调整是国家治理行为和治理效果的重要标志。党的十一届三中全会开启了中国改革开放和社会主义现代化建设的历史序幕，同时也掀起了中国共产党探索国家治理体系和治理能力现代化的历史帷幕。中国共产党对国家治理方式的探索涉及政治、经济、文化、社会和生态文明等多个方面，探索的过程也并非是一帆风顺的，其中有曲折、有坎坷。但总体来看，中国共产党对国家治理方式的探索呈现螺旋式的上升过程。

一、政治体制的改革与优化

政治体制是关乎国家稳定、安全和发展的根本问题。政治体制改革涉及面多，利益矛盾交错复杂，一旦处理不好，将会导致社会动荡和人心涣散，甚至危及政权安全。中国共产党对政治体制的改革始终坚持积极稳妥谨慎态度，始终坚持中国政治体制改革的社会主义方向，始终坚持党对政治体制改革的绝对领导，始终坚持紧紧依靠全国人民共同推进改革。

在党和国家领导制度改革方面。党的十一届三中全会后，中央着手恢复了“文革”中遭受冲击的党和国家的组织领导机构，恢复了全国人民代表大会和国家主席、人民法院、人民检察院等国家机构，修改了《中华人民共和国宪法》，以法律形式确立了全国人民代表大会为最高国家权力机构。此外，党中央废除了领导干部职务终身制，建立了退休制度和离休制度，通过设立“中央顾问委员会”的方式，积极稳妥地推动了党中央领导集体的新老交替。同时，党的十三大提出建立各级干部分类管理制度和建立国家公务员制度，并逐渐形成了公务员考试录取制度。

在政府管理体制改革方面。从 1982 年起，国家先后进行了六次大规模的政府机构改革。1982 年和 1988 年的政府机构改革大幅缩减了政府机构的数量和层级，积极探索与改革开放相适应的政府行政管理体系。20 世纪 90 年代后，政府机构的设置同社会主义市场经济发展的矛盾日益突出，对此党中央进行了三次较大规模的政府机构改革。从 1998 年开始，国务院机构改革首先进行；1999 年以后，省级政府和党委的机构改革分别展开；2000 年，市县乡机构改革全面启动。截至 2002 年 6 月，经过四年半的机构改革基本完成,全国各级党政群机关共精简行政编制115万名[①]。2013年3月，十二届全国人大一次会议审议通过了《国务院机构改革方案》,决定撤销铁道部、卫生部、国家计划生育委员会,设立国家铁路总公司、国家卫生和计划生育委员会,改组国家海洋局。我国政府管理体制改革以转变政府职能为核心,“政府职能转变,重点是划清政府、市场与社会的关系,即哪些事应由政府、社会、市场自有分担,哪些是应由三者共同承担。这个问题,我们党在改革开放之初就认识到了，并伴随着我国社会主义市场经济发展的每一步”[②]。

在社会主义民主制度改革方面。以1978年五届人大一次会议召开为起点，人民代表大会制度和基层民主制度开始全面恢复并不断健全。这一时期的主要成果有:七届人大期间通过了《全国人大和地方各级人大代表法》,对人大代表的产生、职权做了具体的法律规定；八届人大期间通过了《关于加强法律实施情况检查监督的若干规定》，明确了全国人大常委会和全国人大专门委员会对于法律贯彻实施的监督、检查权力;开展大规模经济领域立法,规范社会主义市场秩序和市场行为；举办宪法和法律知识讲座，推动法律宣传和普及工作。党的十七大根据人民代表大会发展存在的问题，提出了进一步加强和完善人民代表大会的主要措施“支持人民代表大会依法履行职能”,“逐步实行城乡按相同人口比例选举人大代表”[③]。十一届全国人大三次会议审议通过了新修

---

①中共中央文献研究室:《十六大以来重要文献选编》(上),北京:中央文献出版社2011年版,第177—178页。

②杨小军:《政府机构改革之根本:遵从经济适合发展规律》,《中国党政干部论坛》2013年第4期,第36页。

③中共中央文献研究室:《十七大以来重要文献选编》(上),北京:中央文献出版社2009年版,第23页。

改的选举法，规定了全国人民代表大会和地方各级人民代表大会代表名额要“按照每一代表所代表的城乡人口数相同的原则，以及保证各地区、各民族、各方面都有适当数量代表的要求进行分配”[①]。

二、经济体制的改革与优化

党的十一届三中全会果断停止了以“阶级斗争为纲”的极左路线，将全党的工作重心转移到经济建设上来，作出了改革开放的战略决策。从此，中国共产党踏上了建立和发展中国特色社会主义市场经济体制的探索之路。1992 年党的十四大提出了建立社会主义市场经济体制，标志了我国市场经济体制改革取得重大突破。

完善我国基本经济制度。新中国成立后，我国建立起社会主义公有制的基本经济制度，并借鉴了苏联经验建立起高度集中的计划经济体制。改革开放后，以邓小平为核心的党的第二代中央领导集体对什么是社会主义、怎样建设社会主义有了更为深刻的理解和认识，并在坚持社会主义基本制度基础上，对国家基本经济制度进行了必要调整。这些调整主要包括两个方面：一是调整之前过分追求单一公有制的思路，逐步允许非公有制经济的存在和发展；二是逐步改变高度集中的计划经济体制。这两方面的调整相互作用，相互影响，共同推进了中国特色社会主义制度的创新和发展[②]。

建立并完善社会主义市场经济体制。20 世纪 90 年代初，邓小平南方谈话提出了“社会主义也有市场，资本主义也有计划”的重

①全国人大常委会办公厅研究室：《中国特色社会主义法律体系形成大事记》（1978—2010），北京：中国民主法治出版社 2011 年版，第 279 页。

②肖贵清等：《中国特色社会主义制度基本问题研究》，北京：中国人民大学出版社 2013 年版，第 40 页。

要论断,他认为市场和计划是资源配置的两种基本手段。这一论断给当时理论界关于"姓资姓社"问题的争论画上了句号,"深刻回答了长期束缚人们思想的种种疑问,明确了社会主义与市场经济的关系,消除了影响社会生产力发展的思想障碍"[①]。党的十四大以邓小平南方谈话精神为指导,确立了建设社会主义市场经济体制的改革目标。党的十五大进一步明确提出:"公有制为主体、多种所有制经济共同发展,是我国社会主义初级阶段的一项基本经济制度",强调了"非公有制经济是我国社会主义市场经济的重要组成部分"[②]。党的十八届三中全会提出"使市场在资源配置中起决定性作用", 强调:"市场决定资源配置是市场经济的一般规律,市场经济本质上就是市场决定资源配置的经济。健全社会主义市场经济体制必须遵循这条规律, 着力解决市场体系不完善、政府干预过多和监管不到位问题"[③]。

三、文化体制的改革与优化

社会主义先进文化体现社会主义的本质特征, 代表最广大人民的根本利益和价值取向。改革开放以来,面对西方资产阶级国家极力推崇的 "宪政民主"、"历史虚无主义"、"民主社会主义"等思潮的渗透和入侵,面对中国传统伦理和传统文化的"边缘化"趋势,面对国家文化软实力竞争已经成为当前国与国综合国际较量的重要因素,中国共产党审时度势,创造性地推进社会主义文化

①刘佳:"邓小平'南方谈话'对提升中国国家软实力的思考",《中共南昌市委党校学报》2012 年第 4 期,第 8—13 页。

②中共中央文献研究室:《十五大以来重要文献选编》,北京:中央文献出版社 2011 年版,第 17—19 页。

③中共中央文献研究室:《习近平关于全面深化改革论述摘编》,北京:中央文献出版社 2014 年版,第 56 页。

体制改革与创新，使社会主义先进文化成为凝聚全国各族人民为实现中华民族伟大复兴中国梦的精神支撑。

文化体制改革的启动。1980年召开的全国文化局长会议提出，要有步骤地改革社会主义文化事业体制，标志文化体制改革的大幕正式拉开。随着经济体制改革的持续推进，文化市场的发展和地位也逐渐获得官方认可。特别是党的十四大确立建设社会主义市场经济体制以来，文化改革同社会主义市场经济体制开始融合和汇聚，文化事业的市场化孕育了国民经济的新的增长极——文化产业。文化事业和文化产业在文化的市场化改革中实现了分野。伴随文化体制改革的深入推进，文化事业的属性和文化产业的属性分别得以确立，党和国家承认了文化产业的地位和作用，同时，经济体制改革的成功经验也应用于文化体制改革之中。

文化体制改革的深入推进。党的十六大以来，文化体制改革在总结试点经验的基础上全面铺开，取得了许多重要成果：一是明确了文化事业和文化产业的区别，提出要实现公益性文化事业和经营性文化产业协调发展，逐步建立党委领导、政府管理、行业自律、企事业单位依法营运的文化管理体制，解决了长期以来困扰文化体制改革的一个核心问题；二是在推进国有文化单位转企改制，确立国有文化市场主体地位的同时，放宽文化市场准入，允许非公有资本参与到文化产业和事业中来；逐步形成以“公有制为主体、多种所有制共同发展的文化产业格局”①；三是转变政府文化部门职能，创新公共文化服务运行机制，提出了要建立以政府为主导、以公益性文化单位为骨干、鼓励全社会积极参与、覆盖城乡的公共文化服务体系；四是从文化强国和提高文化软实力的高

①中共中央文献研究室：《十六大以来重要文献选编》（中），北京：中央文献出版社2011年版，第1080页。

度去认识和把握文化体制改革，提出了实现社会主义文化大发展、大繁荣的具体思路与对策[①]。

文化体制改革取得重要成果。2011 年 10 月，党的第十七届六中全会审议通过了《中共中央关于深化文化体制改革　推动社会主义文化大发展大繁荣若干重大问题的决定》，这是党的历史上首次召开以文化建设为主题的中央全会，这份《决定》也标志着中国的文化体制改革取得新的重要成果。《决定》指出，“党的十六大以来，我们党始终把文化建设放在党和国家全局工作重要战略地位”，“坚持推进文化体制改革，创新文化发展理念，解放和发展文化生产力，推进文化事业全面繁荣、文化产业健康发展，大幅度提高了人民基本文化权益保障水平，大幅度提高了文化在经济社会发展中的地位和作用”。《决定》对新时期文化体制改革作出全面部署，要求“深化国有文化单位改革”，“健全现代文化市场体系”，“创新文化管理体制”，“完善政策保障措施”，“推动中国化文化走向世界”，“积极吸收借鉴国外优秀文化成果”[②]。

经过三十多年的努力奋斗，中国特色社会主义先进文化蓬勃发展，社会主义核心价值观深入人心。中国文化体制改革与优化的最直接成果就是中国文化软实力的显著增强。中国文化软实力建设是实践命题，文化创新改革发展是全体国民的共同事业，要持之以恒推进文化改革创新；文化软实力建设是理论命题，要高举中国特色社会主义伟大旗帜，坚定中国特色社会主义理论自信，创新政治文化宣传方式和传播手段，增进世界人民对中国特

①肖贵清等：《中国特色社会主义制度基本问题研究》，北京：中国人民大学出版社 2013 年版，第 40 页。

②中共中央文献研究室：《十七大以来重要文献选编》（下），北京：中央文献出版社 2013 年版，第 559—578 页。

色社会主义的政治认同；文化软实力建设是制度命题，坚持创新文化发展体制，加强文化事业和文化产业发展环境治理，不断增强中国文化对外开放水平[①]。

四、社会管理体制的改革与优化

20世纪90年代以来，伴随社会主义市场经济体制的建立和日趋成熟，国家政治体制改革、经济体制改革和文化体制改革过程中长期积累的深层次矛盾也日益显现，多元社会利益主体，特别是新兴社会组织的出现，将散置于民间的政治力量和利益诉求有效地组织凝聚起来。进入新世纪新阶段，群体性事件屡见报端，正确处理好人民内部矛盾，加强和创新社会管理，维护社会和谐稳定，是摆在中国共产党人面前的一个重大而紧迫的问题。

“社会管理”理念的提出。“社会管理”一词最早出现在1998年的《关于国务院机构改革方案的说明》，指出政府的基本职能是宏观调控、社会管理和公共服务。此后，“社会管理”一词广泛地出现在党和政府各类文件和报告之中。2002年党的十六大报告对新时期社会管理工作提出新要求，指出“坚持打防结合、预防为主，落实社会治安综合治理的各项措施，改进社会管理，保持良好的社会秩序”[②]。由此可以看出，此时中国共产党对社会管理的认识，还主要局限在社会稳定和社会治安层面上。2003年党的十六届三中全会从完善社会主义市场经济体制的视角出发，对建立与社会主义市场经济体制相适应的社会管理体制提出要求，“健全国家宏

①刘佳：“论文化软实力建设的‘中国自信’”，《贵州社会主义学院学报》2014年第2期，第61—64页。

②中共中央文献研究室：《十六大以来中央文献选编》（上），北京：中央文献出版社2011年版，第28—29页。

观调控，完善政府社会管理和公共服务职能，为全面建设小康社会提供强有力的制度保障”，同时对中央政府社会管理权限作出界定，“按照中央统一领导、充分发挥地方主动性积极性的原则，明确中央和地方对经济调节、市场监管、社会管理、公共服务方面的管理责权”[①]。

社会管理体制改革的全面展开。党的十六大以来召开的每一次中央全会，无论其核心议题如何确定，全会审议通过的政治文件中都会从不同侧面涉及社会管理体制改革的问题。如前所述，党的十六届三中全会从经济体制改革的视角对社会管理体制改革提出要求，党的十六届四中全会从党的执政能力建设视角对党如何更好地领导社会管理体制改革作出部署，党的十六届五中全会从行政管理体制改革的角度强调了加强社会管理的必要性，党的十六届六中全会就新形势下加强和改进社会管理工作作出全面部署，党的十七大从全面建成小康社会新要求的角度提出了建设更加健全的社会管理体系的要求，党的十七届三中全会从促进社会和谐、建设社会主义新农村等角度突出了加强和完善农村社会管理的重要性，党的十七届五中全会从建立健全基本公共服务体系的角度提出“加强和创新社会管理”，党的十七届六中全会从文化体制改革的角度强调了社会管理的重要性[②]。

“社会治理”理念的提出。我们认为，中国共产党对社会管理体制改革的最重要成果，就是实现了由“社会管理”向“社会治理”理念的转变，这一转变也标志着中国共产党对如何治理社会方法和

①中共中央文献研究室：《十六大以来中央文献选编》（上），北京：中央文献出版社 2011 年版，第 465—479 页。

②邵光学，刘娟：“从‘社会管理’到‘社会治理’——浅谈中国共产党执政理念的新变化”，《学术论坛》2014 年第 2 期，第 44—47 页。

理念认知的历史性飞跃。党的十八届三中全会指出,“创新社会治理,必须着眼于维护最广大人民根本利益,最大限度增加和谐因素,增强社会发展活力,提高社会治理水平,全面推进平安中国建设,维护国家安全,确保人民安居乐业、社会安定有序”。十八届三中全会对“社会治理”的界定已经不仅仅局限于“维护社会稳定”的单一向度,它更具有了“以人为本”的政治理念和维护国家安全的大局观念。因此,要不断创新社会治理方式方法,“鼓励和支持社会各方面参与,实现政府治理和社会自我调节、居民自治良性互动”[①]。

在前文中,我们较为详细地概述了治理的内涵与外延,简要介绍了中国共产党对国家“治理”的探索历程。通过对治理的范畴分析,我们不难发现,实现国家善治和治理能力与治理体系现代化,仅仅依靠执政党和政府的力量是远远不够的。特别是从中国共产党对社会管理体制的改革的历程就可以看出,中国共产党作为当代中国社会治理的政治主体,也日益重视社会组织在治理体系和治理能力现代化中的积极作用,其重要表现之一就是中国特色社会主义事业的总体布局,由改革开放初期的“物质文明与精神文明”发展到包括社会管理在内的“五位一体”的整体格局。

可以毫不夸张地说,社会治理不仅是执政党的执政责任,不仅是中央政府和地方政府的政治责任,同时也是社会组织的社会责任。党的十八届三中全会指出,“正确处理政府和社会关系,加快实施政社分开,推进社会组织明确权责、依法自治、发挥作用。适合由社会组织提供公共服务和解决的事项,交由社会组织社会组织承担。支持和发展志愿服务组织。限期实现行业协会商会与行

①本书编写组:《党的十八届三中全会〈决定〉学习辅导百问》,北京:党建读物出版社 2013 年版,第 32 页。

政机关真正脱钩,重点培育和优先发展行业协会商会类、科技类、公益慈善类、城乡社区服务类社会组织,成立时直接依法申请登记。加强对社会组织和在华境外非政府组织的管理,引导它们依法开展活动"[①]。党的十八届三中对如何正确处理好社会组织与政府的关系提出了明确要求,针对不同组织类型与特点,有针对性的提出了社会组织参与社会治理的渠道和方式,对社会组织的未来发展和管理服务提出具体要求。可以说,党的十八届三中全会史无前例地将社会组织作为社会治理的重要力量提升到一个崭新的高度,这也为社会组织参与社会治理和公共事务奠定了合法性基础。

第三节 社会组织是国家治理的重要支柱

对"社会组织是国家治理的重要支柱"这一命题的理解,需要我们从社会组织的内涵、功能及其社会组织产生的理论基础出发,去探寻解决这一问题的答案。换言之,我们要从"社会组织"作为一个学术概念最本质、最一般的内核出发,研究社会治理与社会组织的内在关联。

一、社会组织的固有属性赋予了社会组织的治理责任

社会组织又称"非政府组织",特指那些具有一定社会公共属性、承担一定社会公共职能、代表一定社会群体共同利益或公共利益的社会组织,其中不包括企业等营利性组织。社会组织主要

①本书编写组:《党的十八届三中全会〈决定〉学习辅导百问》,北京:党建读物出版社 2013 年版,第 32 页。

包括五种类型:一是伴随市场经济和政府转型发展起来的各类行业协会;二是在社会重建中逐渐发育的社区社会组织;三是在公益事业中发挥核心作用的各类基金会;四是探索运用市场化手段解决社会问题的社会企业;五是从外部切入并主要致力于公益项目的国际 NGO[①]。社会组织是在市场经济的发展和社会民主化进程双向推动下孕育而生的新的社会力量和社会主体,对国家的政治生活、经济社会、社会生活和文化生活产生十分重要的影响。联合国将非政府组织解释为“在地方、国家或国际级别上组织起来的非营利性、自愿公民组织”。

社会组织最早产生于西方资本主义发达国家。西方资本主义国家市场经济发育较为成熟,建立了与资本主义市场经济相适应的民主政治体制。特别是公民社会成为西方民主国家的主流社会思潮,并被阐释为人类理想社会的轮廓。在市民社会理论和自由民主思潮的鼓噪下,西方社会组织快速生成,20 世纪 60 年代以来,以美英为代表的西方资本主义国家相继发生了波及范围广泛的“结社革命”,即以社会团体为特征的“第三部门”运动。当我们回过头来再看这次结社革命时,在结社革命中诞生的各类第三部门,实际上就是代行了政府的部分公共服务职能,从另一个层面弱化了政府的行政能力,压缩了政府的活动空间,推进了西方国家多元治理体系的形成。

关于“市民社会”理论,我们很有必要在此作一简要介绍。市民社会理论大致经历了这样的发展过程,即从与封建专制国家离心对抗的公众自由领域,向承认市民社会是现代国家基本特征的转变,从与政治国家并存,向强调在法治的条件下奉行高度自治

①王名:《社会组织论纲》,北京:社会科学文献出版社 2013 年版,第 7—9 页。

原则的市民社会的转变,从国家之外的特殊的社会领域,向强调划定国家行动的节点的转变,同时奉行与国家、政府合作,实现良性互动,积极参与社会治理,通过公众传媒表达意见,在公共空间交换意见,在国家的政治安排以外,参与、影响国家的活动和政策的形成过程[①]。

西方国家对市民社会理论的探讨有三大理论派别:一是黑格尔市民社会理论。黑格尔认为家庭要向市民社会过渡,市民社会要向国家过渡,因为"国家是达到特殊目的和福利的唯一条件"。这样,市民社会构成了家庭和国家之间的差别阶段,可以看作是向国家统一代替社会的过渡阶段[②]。二是马克思主义市民社会理论,有学者从广义和狭义两个向度对马克思市民社会理论作了全面阐述,蒋红指出:"马克思把市民社会看作'全部历史的真正发源地和舞台',力图'从市民社会出发来阐明各种不同的理论产物和意识形态,如宗教、哲学、道德等等,并在这个基础上追溯它们产生的过程',以是否把市民社会理解为历史过程之'现实的基础'作为唯物史观与'过去的一切历史观'的根本区别。这体现出:在马克思构建唯物史观科学理论体系的过程中,市民社会理论是一条具有基础作用和枢纽性质的重要线索"[③]。三是托克维尔的市民社会理论。法国政治学家阿里克西·德·托克维尔(Alexis de Tocqueville)在《论美国的民主》一书中,把近代民主主义从政治制度和市民社会这两个过程结合起来进行考察,他认为市民社会内在

①鲁哲:《论现代市民社会的城市治理》,北京:中国社会科学出版社 2008 年版,第 5 页。

②黑格尔:《法哲学原理》,范扬,张企泰译,北京:商务印书馆 1961 年版,第 260—261 页。

③蒋红:《马克思市民社会理论研究》,北京:人民出版社 2007 年版,第 1 页。

的制度与习俗应该对权力集中化进行制约，市民应当发扬公共精神，缓和对个人私利的追求，市民通过这种自发的参与促使民主主义进一步成熟[①]。“市民社会被托克维尔界定为对维持民主国家来说是生命攸关的、非正式的、非国家和非经济的公共生活与私生活领域”[②]。

我们之所以占用一定的篇幅对市民社会理论作了阐释，目的在于使大家进一步认识到市民社会与社会组织的内在关联。简而言之，社会组织的兴起加速了市民社会的形成，市民社会的形成推进了国家民主化进程的发展，同时也改变着国家的治理体系结构布局。以英、美为代表的国家率先完成工业革命，资本主义市场经济体制也最为成熟。但与此同时，资本主义社会的生产资料私有制与社会化大生产的固有矛盾是资本主义制度自身无法克服和解决的，“政府失灵”和“市场失灵”拷问着资本主义国家政权的掌权人。基于此，西方资本主义率先尝试并积极探索社会组织的培育机制，为社会组织在本国成长壮大扫除体制和机制障碍。在这里，我们以美国为例，着重论述美国的社会组织发展状况及其特点。

美国的社会组织在20世纪中叶以来得到快速发展，数量由1950年的大约5万个增加到20世纪末的100多万个，可谓规模庞大、数量重大。美国之所以有如此大规模的社会组织，原因在于美国联邦政府和地方政府通过减免税费政策，鼓励社会兴办慈善事业和其他非盈利事业，税费优惠和政策刺激是美国社会组织快

①【法】托克维尔：《论美国的民主》（上卷），董果良译，北京：商务印书馆1997年版，第66页。

②【美】杰弗里·C.亚历山大：《世纪末社会理论——相对主义、化约与理性问题》，张旅平等译，上海：上海人民出版社2003年版，第36页。

速发展的重要原因。此外，美国的民主制度和历史文化对社会组织的兴起也发挥了积极作用。有学者认为："慈善组织是美国非营利部门中最具有代表性的部分，获得免税资格的组织多达30余种，从工会、社会福利部、公墓到政治行政组织等等，其中最重要的是联邦税法501C3款，规定在宗教、慈善、教育、科学、公共安全实验、文学、促进业余体育竞争或防止虐待儿童或动物等七个方面，从事非营利性、非政治性活动的组织可以申请成为慈善组织，获得税收优惠"。

美国社会组织特别是慈善组织凭借政府优惠的税费政策，消解了其组织运行过程中财政紧张的问题。因此，美国社会组织成员更多地是以热情与奉献精神投身社会事业与社会治理，对财政紧张问题和组织的正常运行问题关注较少。"从事志愿活动的人经常说，他们年轻时的经历使得他们乐意奉献时间从事志愿活动。那时候他们曾经是青年团体的成员，作为青年人进行过志愿活动，看到过一个他们敬佩的志愿者(不是自己的家庭成员)，总是想对社会进行有意义的改变，一般说来在学生自治组织中很活跃，或者是宗教组织的成员。人们进行志愿服务的动机是期望回报社会，具有这种情感的人觉得自己应该帮助那些没有自己幸运的人，并且对那些需要救助的人充满同情。对慈善组织的积极态度也对志愿行为产生了影响。一些人总的来说相信慈善组织能够有效地改善社会，在使用资金方面诚实而又精明，从不浪费，因而也更有可能成为志愿者"①。

由此可见，美国的社会组织由于享有了较为优惠的税费政策，因此在政治系统中与政府机构联系的紧密程度，同中国的社会组

①张勤：《中国公民社会组织发展研究》，北京：人民出版社2008年版，第290—291页。

织与政府的关联度比较起来显得低得多。西方国家社会组织与政府部门较为松散的社会关系有助于社会组织独立开展工作,并通过社会职能的实现和社会问题的协商解决增强其社会公信力和影响力。美国政治学家罗伯特·达尔(Robert Alan Dah)从托克维尔获得启发,提出了“社会制衡重于宪法制衡”的观点,他认为虽然西方社会的这些民主制度大都体现在宪法中,但它们却主要不是靠宪法维系的,而是靠社会组织自身的条件维系的①。“社会制衡重于法律制衡”的观点用来概况以美国为代表的西方国家社会组织参与社会治理的体制是再恰当不过的了。

通过上述关于社会组织的概念界定和历史回顾，我们可以清晰地得出两个基本结论:

其一,社会组织是以共同意愿或目标自发而形成的社会力量,因而成为社会事务参与的重要主体和集体利益表达的重要主体。社会组织是由公民自发而形成的,这种自发性源于对共同利益和共同目标的追求。社会组织不同于政府机构或政党,前者是自愿的、非竞争性的,后者是建立在宪法和法律基础上,根据统治集团的要求有步骤、有计划、有组织地形成的。社会组织之所以能够存在和发展,其内在动力机制在于社会组织及其所属成员希望寻求集体利益的最大化，而传统的社会政治体系和社会政治结构,是很难满足社会组织及其成员寻求集体利益最大化这一目标和愿望的。因此,社会组织需要介入到社会政治系统之中,积极参与社会公共政策的制定过程和执行过程,运用合法手段、采用合法程序在政治体制内发出“声音”,表达利益。这一过程本身就是社会组织参与社会治理的过程。正如有学者所说:“社会组织因其承载

①【美】罗伯特·达尔:《民主理论的前沿》,北京:生活·读书·新知三联书店 1999 年版,第 195—196 页。

和表达了多元的价值理念而影响广泛且意义深远，同时多元的价值诉求也成为其成长发育的根源和动力”①。

其二，社会组织的自我生存与发展以强有力的制度供给作支撑，政治制度供给的过程就是同社会组织进行利益博弈的过程，同时也是社会治理的过程。长期以来，人们之所以将社会组织称为“非政府组织”，就在于政府组织或政府机构代表着政治权威，而政治合法性是政府获得公民认可的根本原因所在。美国政治学家阿尔蒙德（Almond，Gabriel Abraham）指出：“在一个传统的社会中，合法性可能取决于统治者的世袭地位、宗教习俗等；在一个现代的民主政治体系中，当权者的合法性将取决于他们在竞争性的选举中是否获胜，取决于他们在制定法律时是否遵守规定的宪法程序；在其他政治文化中，领导人可能依靠其特有的魅力、智慧或意识形态以及向公民许诺要改善他们的生活来取得合法性”②。由阿尔蒙德的这段话可知，政府组织或政府机构的政治合法性源于世袭、选举或魅力领导，而社会组织的合法性是无法从以上三种渠道实现的。

社会组织合法性的认可及其组织活动和组织职能的正常开展与履行必须依靠政治权威主体，即政府部门及政府部门委托的社会组织管理机构对社会组织的合法性进行确认，通过登记造册、监督检查、业务指导、税费手段等一系列的制度安排加强对社会组织的控制和管理。因此，社会组织为了在有限的体制内资源中获取更多资源，开辟更为广阔的活动空间，就必须同以政治权威

①崔月琴，袁泉：“转型期社会组织的价值诉求与迷思”，《南开学报（哲学社会科学版）》2013 年第 3 期，第 117—125 页。

②【美】加布里埃尔·A.阿尔蒙德、小 G.宾厄姆·鲍威尔：《比较政治学：体系、过程和政策》，曹沛霖等译，上海：上海译文出版社 1987 年版，第 37 页。

为代表的政府组织进行制度博弈，甚至是制度争夺，而且唯有政治权威主体加大对社会组织的制度供给力度，社会组织的职能履行和正常的组织活动才能有效进行。总而言之，社会组织的制度需求“源于当下制度集合不能满足某些社会行动者对于潜在利益的需求。于此，他们就试图通过某种途径打破原有的制度均衡，创立新的制度安排以实现这种潜在收益”[①]。

二、社会组织参与社会治理是由社会组织的职能决定的

社会组织的职能，亦称社会组织的功能，萨拉蒙及其研究团队在2004年出版的《全球公民社会——非营利部门国际指数》一书中，使用“服务”和“表达”两个简化功能性标准，对全球范围内的社会组进行了分类比较[②]。服务，即通过调动、整合和分配社会资源提供公共产品和公共服务，弥补市场失灵和政府失灵。表达，即通过构建社会资本、参与公共政策过程，实现社会治理。由此可见，社会治理本身就是社会组织的重要职能之一。

社会组织具有推进社会治理的功能。有学者指出，这里的社会治理是指公民对于社会事务的表达和参与，以及在公民表达和参与基础上形成的社会组织之间及其与政府、企业之间的协调互动和合作共治。社会组织推进社会治理的功能主要表现在如下三个方面：第一，社会组织是公民自发的组织形式，是公民在社会生活中用以表达民意、传达民情、实现民权、维护民生的最为直接的一种制度安排；第二，社会组织以志愿参与、利他互助、合作共益、慈

①吕云超，崔开云：“中国非政府组织的需求与供给”，《江苏社会科学》2013年第4期，第92—96页。

②【美】萨拉蒙等：《全球公民社会——非营利部门国际指数》，陈一梅等译，北京：北京大学出版社2007年版，第27—29页。

善公益等理念实现人际沟通，在人与人之间、人与社会之间乃至人与自然之间搭建理解、对话、互动的桥梁，有助于化解人与人之间、不同群体及利益集团之间、人与社会之间以及人与自然之间的各种矛盾和冲突；第三，社会组织通过有组织的社会动员和社会参与，能够帮助其成员实现社会价值、共同利益或更广泛的公益价值。他强调，社会组织的社会治理功能体现了社会组织具有的社会性或公民主体性，这是社会组织区别于政府和企业的本质特征之一，他们既不是凌驾于社会之上、统治公民的权力体，也不是异化于市场之中，追求利润最大化的经济体，它们源于社会、源于公民、源于结社权这样一种公民基本权利的行使，是公民以组织的方式表达意愿和诉求，参与各种社会事务的最基本有效途径之一，并因此而形成公民自主的公共领域①。

从上述论述可见，社会组织之所以将社会治理作为其重要职能，关键在于社会组织通过社会治理活动和社会治理行为，不仅达到了社会组织预期的组织目标和组织愿景，彰显了社会组织所追崇的“团结、互助、公益、服务”的社会价值。更为重要的是，社会组织在社会治理活动中无形地构建了以社会组织为核心的社会资本体系。

社会资本概念源自于法国社会学家皮埃尔·布迪厄（Pierre Bourdieu），他认为世界是由许多不同资本形式组成的，诸如经济资本、文化资本、语言资本、学术资本和社会资本，不同的资本形式对应着不同的资源集合，发挥着不同的经济、文化、政治等功能。其中，经济资本、文化资本和社会资本是最为重要的三种资本形

①王名：《社会组织论纲》，北京：社会科学文献出版社 2013 年版，第 105—106 页。

式,他们彼此间相互联系且互相转化[①]。在“社会资本”概念中有几个基本要素是不可缺少的。其一是“信任”,信任是社会关系存在的心理基础,也是人与人沟通联系的纽带。一种是在固定可靠的基础上和你经常接触的人之间建立的信任;另一种是与陌生人之间建立的信任,亦可称之为广义的信任,信任需要在合作中培育和强化,群体成员越具有多样性,这个群体越容易形成较高的信任。其二是“网络”,社会资本从形式上看是一种社会网络关系,网络本质是一种联系,可以分为仅仅促进成员内容部利益的联系和既促进成员又促进非成员利益的联系。其三是“合作规范”,规范是在一定文化基础上形成并发展的,是信任、互惠等的文化规范,常与非正式制度紧密联系在一起。

那么,社会组织的治理活动是如何与社会资本产生联系呢?笔者认为,其内在机制或者实现路径是这样的:

首先,社会成员之所以能够组成以“公益”和“共益”为核心价值或共同愿景的非强制性、非竞争性、非营利性的社会组织,很重要一个原因在于组织内部的成员彼此之间、成员与组织领导者之间、组织领导者内部之间具有高度信任感,这是社会组织得以存在的心理基础。而正是因为这种信任的存在,社会组织的治理活动才不同于政府部门的行政管理活动以及企业的经济活动,社会组织的治理活动的心理基础完全出自于组织成员的自愿精神和信任感。同样,社会组织在履行职能过程中,将这种组织内部的信任感及组织核心价值观传递给社会其他成员,社会组织内部的共

①1980 年,布迪厄在《社会科学研究》杂志社发表题为《社会资本随笔》的短文,正式提出“社会资本”概念,他将社会资本定义为:真实或虚拟资源的总和,对于个人和团体来说,由于要拥有的持久网络是或多或少被制度化了的相互默认和认可的关系,因而它是自然积累而形成的。

同心理基础得以放大并辐射到社会更广领域和更多部门，因而社会组织的价值观也成为调整人与人之间、人与群体之间、人与社会之间以及人与自然之间的“调节阀”。

其次，社会组织通过建立完整高效的内部领导体系以及组建社会组织成员之间的组织网络，为开展大规模的社会动员和开辟更为广阔的社会参与渠道奠定了组织基础。例如，1999 年 5 月重新登记注册的浙江大学校友会的组织成员达到 50 余万人，下属地方校友会的数量达到 140 余个，遍布北美、欧洲、澳大利亚、东南亚等十几个国家及国内 31 个省、自治区、直辖市和港澳台地区。浙江大学校友会积极参与国际学术交流活动，参与承办了国际组织年会，如校友总会与 Case 组织合作举办的2012 年年会，另外还与哈佛大学校友会建立了长期合作交流关系[①]。

最后，社会组织的治理职能需要通过加强社会组织内部治理能力和治理体系建设为保障，以制度设计和制度执行力为后盾，强化社会组织治理职能的规范化和科学化。

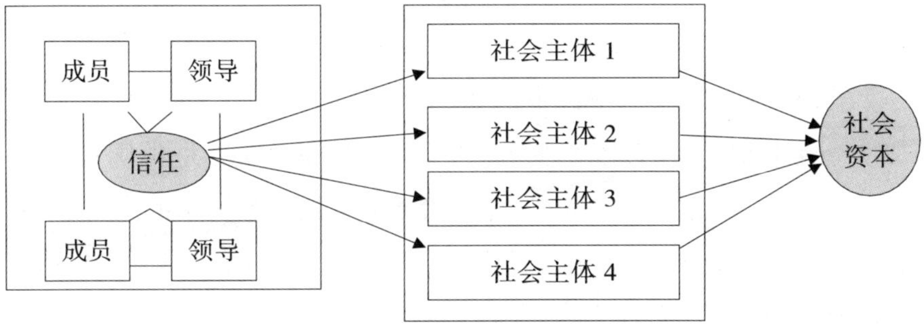

图 4.1　社会组织治理活动与社会资本关联示意图

①徐家良，廖鸿等：《中国社会组织评估发展报告(2013)》，北京：社会科学文献出版社 2013 年版，第 176—177 页。

三、中国社会组织的发展史也是社会组织参与社会治理的发展史

从社会组织的概念出发，可以看出参与社会治理是社会组织的本质规定。然而“概念”范畴是十分抽象的，概念的推导过程需要置于社会历史发展的整个过程中实现，概念的演绎过程也需要置于社会发展的未来走向中展开。因此，从社会组织的发展史和中国社会治理史的角度审视社会组织的治理责任，有助于我们更为清晰直观地感知社会组织承担和履行治理责任的历史必然性。在此，我们认为，社会组织的发展史与社会组织参与社会治理的发展史是高度重合的。

如前所述，作为一种崭新的公共管理范式，“治理”不再是以政府和政党为核心的一元化社会管理和社会服务方式，各种力量（包括农村社会主体、城市社会主体、各类社会阶层、新兴社会组织等）都是社会事务管理的参与者和社会服务的提供者。“治理是各种公共和私人的机构管理其共同事务的诸多方式的总和。它是相互冲突的或不同的利益得以调和并采取联合行动的持续过程。这既包括有权迫使人们服从的正式制度和规则，也包括各种人们同意或以为符合其利益的非正式的制度安排”[①]。由此可见，以集体利益和共同价值为核心的新的社会主体的形成，是中国社会治理发展史的一条重要逻辑主线，没有新兴社会主体的分化和形成，中国的社会治理就无从谈起，中国社会组织参与社会治理也就成为“无源之水”。

那么，中国社会治理的发展史是怎样的一幅图景呢？我们不妨通过社会主体的分化及多元化社会的形成来看。中国社会结构由

---

①俞可平：《全球化：全球治理》，北京：社会科学文献出版社 2003 年版，第 3 页。

“一元”到“多元”转变的历史分水岭是 1978 年的党的十一届三中全会。在改革开放之前,中国社会是典型的一元主体社会。所谓一元社会,是指“社会尽管存在着众多的个人和组织,但其并不具有独立的主体地位,因为它们都程度不同地隶属或依附于国家机构,由国家机构对其发号施令,国家是唯一的主体。国家对社会的全面重组是通过组织的普遍化展开的,如政权组织的拓展和延伸、改造原有组织、建立新的组织等,通过这些方面的措施,将各种组织遍布社会各个领域。在国家全面重组社会的过程中,所有社会成员都被分别纳入到各种形式的组织之中,直至重组完毕,已很难找到脱离组织而存在的人”[①]。这就是说,在一元化社会结构中,国家政治系统的神经触角延伸到社会系统的每一个角落,以个体形式存在的纯粹的“个人”是不切实际的。每一个人都属于一个组织,个人依附组织而存在。在计划经济时期,这个组织被冠名以“单位”。“单位人”是那个时期最鲜明的社会写实,也是最能够反映组织与个人关系的话语表述。

个人对社会和组织的依赖最鲜明的特征,是个人的基本生存资料和福利待遇都是由国家通过“单位”向个人提供。李鹏同志在他最新出版的《李鹏回忆录(1928—1983)》中,对其在丰满水电站生活的经历也作了类似描述:“我当时已经从最初住的那家临街的招待所搬到丰满招待所了。丰满招待所是由原来厂部办公用的二层楼改建的,厕所和浴室都是公共的,还有一个饭堂”,“那时丰满的住房条件不好,大家住得比较紧张。我在丰满一直住在招待所,房间虽然很大,但是只有一个房间,保姆带着孩子和我们住在

①周小华,付平:《社会组织发展与建设和谐社会》,北京:中国社会出版社 2009 年版,第 20 页。

一起很不方便”[①]。李鹏同志当时任丰满水电站副总工程师，但他的居住条件要受到丰满水电站职工住宿条件的限制，可见，“单位”对个人的影响和限制已经扩大到个人的衣食住行等日常生活方面。

1978年，党的十一届三中全会后，中国开启了改革开放的历史序幕。中国社会一元主体的社会结构逐渐消解，政企不分、政事不分、政社不分、党政不分的现象得到根本改善，传统的社会结构体系在市场经济大潮中解体消失，多元化的社会结构新体系在改革开放的驱使下逐渐形成。

在此过程中，社会组织如雨后春笋般大量涌现，成为社会结构体系中的重要力量，也成为影响政府公共议程设计的重要因素。中国社会组织发展大致经历了两个阶段：第一阶段是从改革开放初期到1992年，这一阶段可称为社会组织的兴起阶段。在这14年时间中，中国社会组织发展经历了从无到有、从点到面、遍地开花的原始生长过程。从民政部开始负责社会团体登记管理工作并提供统一注册数据的1988年开始的5年间，登记注册的社会团体数量从不足5000家迅速攀升至1992年底的15.45万家。这其中无疑有制度实施初期不可避免的“冲击波”的影响，但也可见积累多年的社会组织爆炸式发展所形成的冲击力之强。第二阶段是从1993年至今，这一阶段可称为社会组织的规范管理。在这20多年间，我国社会组织经历了两个不同的发展过程，一是党和政府自上而下加强对于社会组织的规范管理以及在此基础上走向制度化和法制化的过程，二是在市场经济发育成熟、改革开放逐步深入和社会转型全面展开进程中，社会组织从曲折发展逐步走向新的

①李鹏：《李鹏回忆录（1928—1983）》，北京：中国电力出版社2014年版，第247、266页。

高潮的过程[1]。截至 2011 年底，全国共有各类社会组织 45.75 万个，如果将未在民主管理部门注册登记的一些自发的民间组织、草根组织考虑在内，最终的统计结果可能要翻一倍还多。

那么，为什么在改革开放后中国社会组织得到了迅猛地发展，仅仅是因为执政党和政府放宽了社会组织的准入门槛，通过加强制度供给和政策支持鼓励社会组织发展吗？我们认为，其根本原因在于改革开放加速了社会活力的释放，社会组织获得新的生存空间和活动平台。同时，政府职能的转变，特别是有限政府、法治政府、服务型政府理念的提出，加速了社会管理向社会治理的过渡进程，社会组织的生存意义已经不仅仅局限于组织内部集体意愿的实现，更加关注社会弱势群体利益诉求的满足。因此，社会组织成为社会治理的重要力量。正如有学者指出："我们已经充分地看到，在我国社会转型中，不仅政治领域、经济领域、精神领域之间拉大了距离，使得各自的价值原则更趋独立。社会各个领域的相对分离，要求政府在实现由社会控制向社会服务这个重大转变的基础上，对社会的不同领域进行职能定位，妥善处理好不同领域之间的职能分工问题，有效地培养社会的自治能力，进而在社会公共管理中加强政府与公民的良性互动"[2]。社会分工的细化和社会领域的结构分野，迫使政府由过去"大包大揽"的无限政府转变为同其他社会组织和公民共同治理的有限政府，政府职能的转变和执政方式的调整为从根本上打破"一元主体"的传统社会管理体系奠定了基础。

①王名：《社会组织论纲》，北京：社会科学文献出版社 2013 年版，第 27、39 页。

②张勤：《中国公民社会组织发展研究》，北京：人民出版社 2008 年版，第 84 页。

第四节　全面深化改革背景下的社会组织与国家治理

2013 年 11 月，中国共产党十八届三中全会审议通过《中共中央关于全面深化改革若干重大问题的决定》(以下简称《决定》),《决定》对当代中国社会治理体制改革提出新要求："创新社会治理，必须着眼于维护最广大人民根本利益，最大限度增加和谐因素，增强社会发展活力，提高社会治理水平。"社会组织是激发社会活力的积极因素，创新社会治理方式，提高社会治理水平关键在于积极引导社会组织的组织体系、结构功能、价值导向和活动范围，与当代中国政治民主化改革进程与服务型政府建设主流趋势相适应，推动社会组织由"边缘化危机"的生存场域逐渐向"政治决策核心层"的生存场域过渡，释放社会组织参与社会治理的内生动力，使社会组织更便捷、更有效地介入、渗透并影响执政党的执政理念与政府公共政策的整体过程。

全面深化改革的总目标是完善和发展中国特色社会主义制度，推进国家治理体系和治理能力现代化。社会组织是国家治理能力建设的积极推动力量，也是国家治理体系结构中的重要一极。然而，受到历史、现实、文化、制度等多方面因素的共同影响，我国的社会组织在国家治理能力和治理体系现代化进程中仍然存在着"渠道缺少"、"角色缺失"、"职能缺位"等严重问题，社会组织在"政府强势"和"社会弱势"的缝隙中艰难生存。从根本上解决社会组织尴尬的生存窘境，就要妥善处理好社会组织与政治系统的关系，积极构建两者信息沟通、职能互补、权责分明、边界清晰的互动机制和政治生态。这是当代中国社会治理改革创新的重要课题，也是本文所要探讨的主题。

一、全面深化改革的重点任务：社会组织治理责任的现实基础

改革开放三十多年来，当代中国发展的历史主题与历史主线可以用“改革”来概括，当代中国发展进步的根本原因也可以用“改革”来概括，中国特色社会主义道路的开辟与探索，中国特色社会主义理论体系的创立与丰富，中国特色社会主义制度的建立与完善的内在动力与发生机制，同样可以用“改革”来概括。正如胡锦涛同志指出：“要始终把改革创新精神贯彻到治国理政的各个环节，坚持社会主义市场经济的改革方向，坚持对外开放的基本国策，不断推进理论创新、制度创新、科技创新、文化创新以及其他各方面创新，不断推进我国社会主义制度自我完善和发展”[①]。党的十八届三中全会立足于全面建成小康社会新的历史阶段，着眼于完善和发展中国特色社会主义，实现国家治理体系与治理能力现代化这一根本任务，审时度势地作出全面深化改革的战略部署，为未来中国发展进步指明方向，勾勒了蓝图。

全面深化改革，既是中国共产党带领全国各族人民实现国家富强、社会和谐、人民幸福的历史过程，也是指引中国社会发展进步的方法指南，同时也是促成当代中国社会组织与政治系统良性互动、协同融合、创新协作的内在动力。全面深化改革是一项复杂的、系统的、联动的、整体的社会改造工程，涉及政治、经济、文化、社会、生态环境、党的建设、军队国防、对外关系等诸多子系统，每

①胡锦涛：《坚定不移沿着中国特色社会主义道路前进　为全面建成小康社会而奋斗》，《人民日报》2012 年 11 月 19 日。

一个子系统都与全面深化改革的总体工程系统及其他各子系统之间产生关联，一旦处理不好，就会导致局部改革失效甚至整体改革失败。正如中央编译局局长贾高建指出："单独从某一方面着手进行改革，很难取得突破，而且会由于其他方面的局限造成扭曲的结果。只有从多个方面协同进行改革，将这些相互关联的问题统筹起来加以解决，才有可能真正攻克难关"①。全面深化改革的复杂性、系统性、关联性和整体性决定了既要抓住改革的重点，同时又要处理好各子系统之间的内在关系，将各子系统改革的内在张力控制在合理区间，以期实现改革的各项事业整体推进、协同创新的目标。全面深化改革的重点任务为明确社会组织的治理责任提供了社会现实基础。

第一，经济体制改革是全面深化改革的重点。全面深化改革的复杂性、系统性决定了我们要在改革进程中抓住主要矛盾和矛盾的主要方面，增强改革的针对性和聚焦性。《决定》指出："经济体制改革是全面深化改革的重点，核心问题是处理好政府与市场的关系，使市场在资源配置中起决定性作用和更好发挥政府作用。"②"经济体制改革是全面深化改革的重点"，准确把握了当代中国发展的主要矛盾，深刻揭示了生产力与生产关系、经济基础与上层建筑的辩证统一关系，明确了全面深化改革的主攻方向和重点领域。《决定》的第二至第七部分从"坚持和完善基本经济制度"、"加快完善现代市场体系"、"加快转变政府职能"、"深化财税体制改革"、"健全城乡发展一体化体制机制"、"构建开放型经济新体制"

①贾高建："深刻认识全面深化改革的整体性要求"，《马克思主义与现实》2014年第1期，第1—4页。

②本书编写组：《党的十八届三中全会〈决定〉学习辅导百问》，北京：党建读物出版社2013年版，第3页。

等方面，分22项对经济体制改革作出周密部署，占《决定》中改革事项的近三分之一。

经济体制改革对社会组织与政治系统关系的调整也具有重要意义：一方面，经济体制改革为社会组织的生成与发展创造了良好的社会生态和活动空间，组织数量的持续增长和组织规模的不断壮大，有助于巩固并增强社会组织同政治系统展开协商对话的话语权和主动权，为更多范围地介入公共事务创造条件。另一方面，经济体制改革进一步释放了包括社会组织在内的各类社会主体的内在活力，有助于加快社会组织内部治理体系的转型升级，建立与现代市场经济体制相适应的组织体系、决策体系、财务体系和评价体系，使社会组织在同市场主体和政府主体的竞争与协作中自我革新、自我成长。

第二，其他领域改革要协同推进，形成合力。马克思在《〈政治经济学批判〉序言》中指出："社会的物质生产力发展到一定阶段，便同它们一直在其中运动的现存生产关系或财产关系发生矛盾，于是这些关系便由生产力的发展形式变成生产力的桎梏。那时社会革命的时代就要到来了。随着经济基础的变更，全部庞大的上层建筑也或慢或快地发生变革"[①]。这段话启示我们，在积极促成经济体制改革取得实质性进展的同时，还要统筹协调好经济体制改革同其他各方面改革的关系，最大限度释放改革"红利"。

《决定》中的第八至十六部分，从政治体制改革、文化体制改革、社会体制改革、生态文明体制改革、国防和军队改革以及党的领导体制改革等六个方面，对上层建筑领域的改革作出具体安排，正如习近平同志指出："任何一个领域的改革都会牵动其他领

①《马克思恩格斯文集》(第2卷)，北京：人民出版社2009年版，第591—592页。

域，同时也需要其他领域密切配合”[1]。其中，政治体制改革和社会治理体制改革是全面深化改革的两个重要方面，一方面，政治体制改革为经济体制改革的顺利进行提供政治保障，同时也为社会治理体制改革的有序推进提供制度支撑和法律依据。另一方面，社会治理体制改革为经济体制改革释放新兴社会主体活力，培育和发展社会组织有助于完善多元社会主体共同参与的市场竞争机制，同时也为推进专题协商、对口协商、界别协商提供可能，正如有学者指出：“社会组织作为特定群体特别是弱势群体的代言人，代表他们表达利益诉求和政策主张。社会组织往往代表一定的利益群体或集团，通过其影响力表达他们所代表的利益群团体的政策诉求”[2]。

第三，政治体制与社会体制改革高度关联。如果说经济体制改革的核心问题是处理好国家与市场的关系，那么，社会体制改革的核心问题就是处理好国家与社会的关系。我们认为，在全面深化改革总体布局中，正确处理好政治体制改革与社会体制改革具有特殊意义。政治体制改革与社会体制改革的本质是国家政治权力与公民社会权利的调和与互动，是政治权力主体和公民权利主体走向成熟的必由之路。社会组织的成熟与公民权利的崛起是公民社会发生、发展的重要基础，“这种社会组织在一切时代都构成国家的基础以及任何其他的观念的上层建筑的基础”[3]。

我们通过对《决定》的文本研究发现，党中央在分别论述政治体制改革和社会治理体制改革方向、目标和要求的过程中，始终将“对方”纳入本领域改革的整体范畴。例如，在“推进协商民主广

①习近平：《关于〈中共中央关于全面深化改革若干重大问题的决定〉的说明》，《人民日报》2013 年 11 月 16 日。

②王名：《社会组织论纲》，北京：社会科学文献出版社 2013 年版，第 106 页。

③《马克思恩格斯文集》（第 1 卷），北京：人民出版社 2009 年版，第 583 页。

泛多层制度化发展”一节中指出，“构建程序合理、环节完整的协商民主体系，拓宽国家政权机关、政协组织、党派团体、基层组织、社会组织的协商渠道”①。由此可见，在协商民主制度框架下，社会组织被赋予政治协商主体的角色身份。再如，在“激发社会组织活力”一节中指出，“限期实现行业协会商会与行政机关真正脱钩”，社会组织成立时“直接依法申请登记”②。这进一步说明激发社会组织活力要以切实转变政府职能和行政审批方式为前提，实现政府部门与社会组织在人权、事权、财权、物权等方面的真正分离，使浓厚的政治色彩和官僚文化从社会组织中剥离出去，回归社会组织公益性、社会性、非政治性的本质。

上述诸多方面是我们对全面深化改革背景下经济体制改革、政治体制改革、社会体制改革一些基本事实的归纳与凝练，确认这些基本事实是我们研究中国社会组织与国家政治系统关系问题的前提性工作。

二、政治系统：社会组织参与国家治理的路径

政治系统理论是西方政治学界分析社会政治生活、研究国家政治生态、探讨权力运行机制的观察视角和理论方法，是建立在西方政治学“结构—功能”分析、交际理论、博弈理论和系统科学理论基础上的政治学分析、评价和研究的重要工具。“政治系统”概念于1953年首次出现以来迅速在西方政治学界流行开来，并深刻影响了包括哲学、社会学、历史学、国际关系学、公共管理学在

①本书编写组：《党的十八届三中全会〈决定〉学习辅导百问》，北京：党建读物出版社2013年版，第19页。

②本书编写组：《党的十八届三中全会〈决定〉学习辅导百问》，北京：党建读物出版社2013年版，第32页。

内的社会科学诸多学科领域。特别是在美国政治学研究中，政治系统理论逐渐取代了占有支配地位的“国家观念”，成为美国政治学研究中适用范围最广、适应性最强、学术建制最为成熟的政治学研究范畴。

美国政治学者大卫·伊斯顿教授（David Easton）是政治系统分析学派的主要代表人。他创立的政治系统理论集中体现在相互关联的三部著作中：《政治系统：政治学现状研究》（1953）、《政治分析的框架》（1965）、《政治生活的系统分析》（1965）。伊斯顿的政治系统理论将自然科学的系统理论巧妙地运用于政治生活和政治运行机制的分析过程，他认为，社会的政治生活如同自然界一样，其内部结构要素都是相互关联的有机整体和复杂系统，参与政治生活的公民、企业、社会组织、党政团体都扮演一定的政治角色，而这些角色并不是孤立存在的，它们相互影响、相互作用、相互依存。伊斯顿认为，“政治系统是指一个社会政治生活正常运行的有机体，由系统组织、系统成员以及组织的能力和成员的权威性影响力等要素组成”[①]。政治系统理论以社会价值的权威性分配这一政治和公共决策的根本特征为分析基准，以政治行为之间的互动为分析单元，以政治系统的环境与系统之间的作用和权威当局的约束性决策流程为研究对象，以包括需求和支持在内的输入、包括权威当局决策和执行在内的输出和输出后的反馈为分析变量，以政治系统对环境的适应及其存续为研究目标，建立了联系政治和公共决策与社会和自然环境循环往复的一般政治系统分析模式[②]。

---

①【英】戴维·米勒，韦农·波格丹诺：《布莱克威尔政治学百科全书》，北京：中国政法大学出版社1992年版，第575页。

②王甫勋：“一般政治系统理论基本特点与刍议”，《决策科学》2010年第8期，第1—9页。

政治系统模型实质上是“黑箱”模型。“黑箱”外部社会环境中的公民需求与政治支持输入进政党或政府的分析、评估、决策与执行系统中，经过“黑箱”内部政治决议和公共政策的分解和转化，又输出为政党或政府的公共政策或法律法规，并进一步影响“黑箱”外部的社会环境(见图 4.2)。政治系统的全部运行过程既无终点,也无起点,它始终沿着着“输入—输出—影响”的逻辑结构呈现循环往复的上升态势。伊斯顿认为，政治系统即使在严重的经济危机或社会危机环境下也不会轻易解体和崩溃，政治系统的开放性与适应性决定了其可以能动地对社会需求、政治支持、政治压力作出回应。“政治系统通常具有对外部条件和影响的特殊适应能力，其内部组织可以通过积累形成对付外部环境压力的大量机制，这些机制使政治系统组织可以调节自己的行为，改变自己的内部结构,甚至重新确定自己的基本目标”[①]。

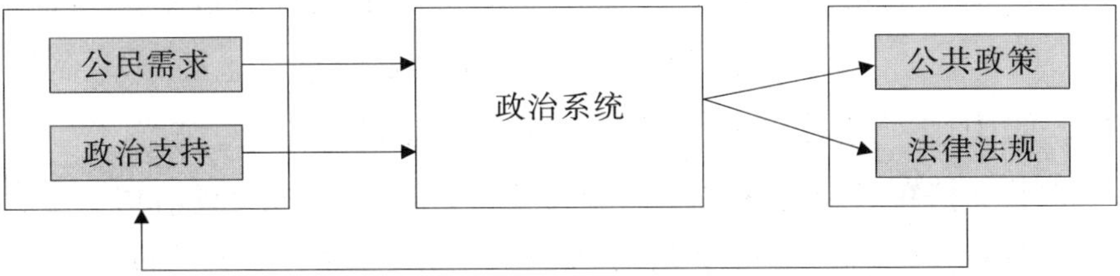

图 4.2　政治系统模型

政治系统理论为我们研究全面深化改革背景下国家与社会的关系提供了新的思考维度。下面，我们根据全面深化改革这一基本事实,对我国的政治系统作如下描述:

首先,关于政治系统的要素与结构问题。

政治系统的要素与结构问题，即政治系统的组成单元及组合

①【美】戴维·伊斯顿:《政治生活的系统分析》,北京:华夏出版社 1999 年版，第 25 页。

方式的问题,亦可称为政治体制。在全面深化改革过程中,维护政治体制的稳定与平衡具有特殊意义。习近平指出:“我们要适应扩大人民民主、促进经济社会发展的新要求,积极稳妥推进政治体制改革,发展更加广泛、更加充分,更加健全的人民民主,充分发挥我国社会主义政治制度优越性,不断推进社会主义政治制度自我完善和发展”①。政治体制改革要坚持稳中有进的总基调,牢牢把握社会主义自我完善和发展这一根本前提,在中国特色社会主义总体架构中有序稳步推进政治体制改革和发展,构建政治系统各组成部分之间的柔性互嵌式结构,使政治系统的组成要素同政治系统整体与国家治理体系间形成良性互动、相互支撑的关联体系。

对我国而言,政治系统主要由以下基本要素构成:(1)政治价值。即坚持中国特色社会主义,中国特色社会主义由中国特色社会主义道路、理论体系和制度构成,它是中国共产党和中国人民九十多年长期奋斗的根本成就,也是当代中国发展进步的旗帜。(2)法理基础。即以宪法为统帅,由各部门法、行政法规、规章制度构成的中国特色社会主义法律体系,“中国特色社会主义法律体系是中国特色社会主义永葆本色的法律根基”②。(3)政治权力。中国社会的政治权力结构由宪法及相关法律规定,并通过政治权力主体的角色定位与职能分工体现出来。其中,中国共产党是中国特色社会主义事业的领导核心,全国人民代表大会是国家最高权力机关,中央人民政府是最高国家权力机关的执行机构。(4)政治组织。当代中国的主要政治组织包括执政党与参政党、人大机构、

①中共中央文献研究室:《习近平关于全面深化改革论述摘编》,北京:中央文献出版社 2014 年版,第 69—70 页。

②中共中央文献研究室:《十七大以来重要文献选编》(下),北京:人民出版社 2013 年版,第 119 页。

政府机构、政协机构、政法机构、军事机构，以及工会、共青团、妇联等群众团体。政治价值、法理基础、政权权力、政治组织等要素通过一定的制度安排（人民代表大会制度、协商民主制度、党委任期制度等）实现优化组合，进而健全政治系统的结构功能体系，更好发挥其吸纳、沟通和生产的系统机能。

第二，关于政治系统的边界问题。

“边界”问题对于政治系统分析具有十分重要的意义，边界既是政治系统与社会系统相区别的根本标志，同时也是政治系统与社会系统的过渡地带和缓冲区域。因为“边界”的存在，社会系统介入政治系统才具备了理论上的可能性与实践上的可操作性。在社会结构体系中，每一位社会成员都在社会关系中扮演一定的社会角色，有时一位社会成员可能扮演多重社会角色。社会角色因社会组织的存在而被赋予了现实意义和社会价值，社会角色也因社会组织的存在而被赋予了社会责任和社会权利。正如有学者指出：“角色是个体社会关系的定位。行为主体社会角色的出现是因为行为主体社会关系的形成，行为主体有多少社会关系，就有多少社会角色依附在社会主体身上。因而完全可以说，角色是社会关系的定位”[①]。这就是说，社会角色所承载的社会责任需要通过社会组织的组建和确认来实现，角色身份规定了社会成员在社会关系网络中的具体位置，社会组织同样也规定了政治系统与社会系统的具体界限。社会组织是特指“那些具有社会公共属性，承担一定社会公共职能、代表一定社会群体共同利益或公共利益的组织，其中不包括企业等营利性的组织”[②]。社会组织的公共属性和公共职能，决定了社会组织既是社会公益事业和公共事务的参与

①程东峰：《责任伦理导论》，北京：人民出版社 2010 年版，第 25 页。

②王名：《社会组织论纲》，北京：社会科学文献出版社 2013 年版，第 7 页。

主体，同时也是政治生活和公共政策参与主体。一方面，社会组织以实现“公益”或“共益”为组织使命，在社会生活中倡导志愿精神、服务精神、奉献精神和互助精神，关心关怀弱势群体的利益诉求，最大限度推动社会福利分配的再平衡，因此，社会组织有助于缓解社会不满情绪对政治系统的冲击和破坏，维护国家社会生活和政治系统的稳定；另一方面，社会组织具有利益整合与利益输入功能，因而具有了一定的政治意义，“没有经过该组织加以整合的任何社会成员的行动，均不具有政治性质，而只能做出‘合法’与‘违法’，‘合理’与‘不合理’等法律与道德的评价”[①]。由此可见，社会组织存在于社会生活与政治生活之间，它既是社会系统的边界，同时也是政治系统的边界。

第三，关于政治系统的运行机制问题。

政治系统的运行机制问题集中回答关于政治系统的运行动力、运行过程和运行结果等涉及政治系统动态性发展等问题。首先，政治系统的运行动力源于自下而上式社会利益整合的需求释放，以及自上而下式政治权威主体推动的政治改革的活力释放。一方面，市场经济的发展与成熟加速了社会分工的细化和社会阶层的分化，社会成员均具有特定的社会阶层身份和属性，社会阶层因职业性质、经济状况、地理格局、文化背景的不同而被划分为十个类别[②]。处于较低位置的社会阶层渴望获得政治权威主体的关心和关注，通过与政治系统的协商与博弈获得更多有利于提高

①商红日：“政治系统调试与执政党”，《上海师范大学学报（哲学社会科学版）》2002 年第 6 期，第 1—7 页。

②这十大阶层是：国家与社会管理阶层，经理阶层，私营企业主阶层，专业技术人员阶层，办事人员阶层，个体工商户阶层，商业服务人员阶层，产业工人阶层，农业劳动者阶层，城市无业失业和半失业阶层等。

其社会地位的政策资源和制度保障；而处于较高位置的社会阶层希望更有效、更直接地介入国家政治生活的核心议题，将本阶层的共同意识以法律法规和政策文件的形式转化为执政党和政府的公共意志，两者共同作为外部动力加速了政治系统的更新与变革。另一方面，政治权威主体为了更好地适应社会利益整合对政治资源、政策制度、法律法规的需求，需要不断加强政治系统对社会系统的制度供给和政策输出，积极推动政治系统内部各要素、各子系统的优化重组和转型升级，不断推进政治系统的自我完善和发展。其次，政治系统的运行过程就是政治系统与社会系统双向互动的过程。政治系统通过提供公共产品与公共服务对社会系统产生影响，通过政策设计与制度供给对社会系统施加压力，其政治指向是维护社会系统的正常运行与社会关系平衡。社会系统对政治系统的制度输出和资源供给进行吸纳，通过一定方式的社会系统内部消解和转化，再次以社会意愿和社会评价等形式反馈给政治系统。这一过程实质上就是政治系统与社会系统相互建构，共同维护社会公共秩序和培育公民文化的过程。

三、社会组织、政治系统与国家治理目标的实现

社会组织是中国市场经济发展和公民社会形成过程中的必然产物，也是政治系统通过制度供给和政策引导的必然结果。社会组织是中国政治生态体系中的重要力量，也是国家治理的积极参与者和行动者。从社会视角审视政治系统的自我调整与自我变革，对全面深化改革背景下中国政治体制改革和社会治理体制改革具有重要意义，它以“自下而上”的观察路径，真正实现了政治体系与社会系统的互溶、互通、互嵌，同时也是对“政治国家产生于市民社会”这一马克思主义国家观理论的积极回应。

政治系统调试，就是通过创新和发展执政党和政府的执政理念，优化政治系统要素布局和组织结构，发展社会主义政治体制和民主政治制度，使政治系统与全面深化改革背景下社会系统的急剧重构相适应，从而使国家与社会高度融合、相互支持的和谐关系得到确认和延伸。政治系统调试一般通过政治体制的调整来实现，这是因为政治体制是政治系统运行的基本载体，政治系统的要素、结构、目标和路径需要通过政治体制进行确认。我国的政治体制结构中，主要包括国家组织、行政组织、政党组织和政治协商组织，社会组织是排除在政治体制结构之外的。如前所述，社会组织是政治系统与社会系统的边界，将社会组织排除在政治体制结构之尽管外承认了社会组织是社会系统的边界，但同时也忽略了社会组织的利益整合与利益表达功能，社会组织政治参与意识的觉醒和政治参与能力的提升，迫切要求政治系统作出回应，为社会组织参与公共政策过程提供时空场域。

在论述政治系统调试的可行路径之前，我们先从“治理”谈起。实现国家治理体系和治理能力现代化是全面深化改革的总目标，同时理应成为政治系统调试的总目标。治理打破了高度集中的计划经济体制下政党和政府权力界限无限放大、社会生活政治化的局面，推动了社会结构由一元主体主导向多元主体并存的重大变革，意味着“国家正在把原先由它独自承担的责任转移给公民社会，即各种私人部门和公民自愿性团体，后者正在承担越来越多的原先由国家承担的责任”①。因此，参与治理已经不仅仅是社会组织的职能之一，更是社会组织的重要社会责任。这就要求政治系统对“社会组织是社会治理的重要主体”的组织属性进行确证，

①俞可平：《全球化：全球治理》，北京：社会科学文献出版社 2003 年版，第 5 页。

通过制度设计、组织设计和机制设计等方式，赋予社会组织更多的政治生活参与渠道和活动空间，推动社会组织的社会责任与政治权利的均衡发展。

基于此，我们认为，在全面深化改革背景下推进社会组织与政治系统的调试，需要做好以下几个方面的工作：

第一，增强社会组织的“边界”功能，重点发展社会组织的利益整合和利益表达功能。社会组织是社会系统和政治系统的共同边界，社会系统与政治系统通过政治组织这一中间地带和缓冲区域实现信息与资源的交流与互通。以往，社会组织作为社会系统的边界是较为容易得到政治权威主体的合法性确认，而社会组织作为政治系统的边界极易被忽视和淡化，特别是 20 世纪 80 年代中后期以来，社会组织对政治系统的过多介入不但没有发挥其利益整合与利益表达功能，反而成为影响国家政治安全和社会稳定的“隐患”。正是基于国家政治安全的考虑，政治权威主体对社会组织参与国家政治生活设置了诸多门槛和条件，我们通过社会组织的“双重管理”这项制度安排可见一斑。在全面深化改革背景下，社会生活环境和政治系统运行机制同改革开放初期已有很大差别，特别是公民权力主体意识的觉醒和协商民主对话渠道的拓展，为社会组织更好发挥其利益整合和利益表达功能创造了条件。因此，国家应以法治思维和法治理念积极推动社会组织的建立与运作，并确立社会组织与政治系统的沟通联系机制。积极推进社会组织与政府部门的管办分离，推进社会组织内部治理体系的优化升级，建立权责明确、依法自治、高效透明的社会组织管理体系，将社会组织的利益表达和利益整合功能转化为参与社会治理的公共管理职能。

第二，完善由社会组织参与的协商民主对话机制。协商民主是我国社会主义民主政治的特有形式和独特优势，是党的群众路线在政治领域的重要体现。协商民主就是在党的领导下，以经济社会发展重大问题和涉及群众切身利益的实际问题为内容，在全社会开展广泛协商，坚持协商于决策之前和决策实施之中。中国人民政治协商会议是中国共产党领导下的具有统一战线性质的组织，社会组织广泛涵盖社会行业精英、知识精英、管理精英。党的十八届三中全会将社会组织作为协商民主的重要主体，这有助于增强政治系统的吸纳能力，整合散置于社会各领域、各行业、各部门的利益诉求，促进政治系统与社会系统的协商民主机制更加成熟、更加定型。一方面，要在人民政协组织中按照行业领域增设社会组织界别，或者在已有界别分类基础上增加社会组织委员人数，扩大社会组织参与协商民主的行业领域和范围；另一方面，社会组织特别是行业协会、科技协会、社科协会及专业技术团体，充分发挥其专业化、职业化的组织优势，积极参与国家重大事项决定和经济发展战略规划的协商讨论，增强政治参与的主动性和积极性，培育社会组织辅助咨询的社会功能。

第三，重新思考“在社会组织中建立党组织”问题。当前，在社会组织中建立党组织成为基层党建工作部门的工作重点，甚至成为基层党建工作的创新之举。然而，在社会组织中建立党组织是否适用于一切社会组织仍然是一个值得思考的问题。在社会组织中是否应该建立党组织这一问题本质上反映的是社会主义市场经济体制下的党社关系问题。有专家认为，在社会组织中建立党组织需要区别对待。一般来说，具有较强政治性的群团组织（工会、妇联、共青团、科技协会、社科联合会、文联等）需要建立党组织，这些群团组织是在中国革命和社会主义建设历史时期形成并发展起来，具有鲜明的统一战线性质，中国共产党加强对政治性群团组织的政治领导是党社关系历史演变必然结果，有助于这些组织始终坚持中国特色社会主义发展方向。然而，在市场经济体制下自发培育发展起来的新兴社会组织（如基金会、行业协会、志愿服务组织等）则可不必建立党组织，这是因为中国共产党与社会组织的领导关系“不是简单的行政性、强制性领导，而是间接领导”[①]。这些社会组织脱胎于市场经济环境之中，具有较强的独立性、自主性和公益性，一旦党的组织组织介入到这些新型社会组织体制内部，则会造成这些社会组织对政党和政府资源的过度依赖，消解社会组织与国家政权的过度联系是维护社会组织公益性和自主性的内在要求，也是规范执政党活动行为和影响范围的重要举措。

综上所述，“治理”实现了公共管理范式的重大变革，由此引发社会治理结构的调整与改变为社会组织履行社会治理责任创造了条件。改革开放以来，中国现代化的发展史也是中国公共事务管理模式的转型史，政治体制改革与优化、经济体制改革与优化、文化体制改革与优化、社会管理体制改革与优化，共同构成了新时期国家治理的四维图景。社会组织是当代中国社会治理的重要力量，社会组织的固有属性和基本职能共同赋予社会组织以治理责任，中国社会组织发展史本身就是社会组织参与社会治理的发展史，西方国家社会组织参与社会治理机制的日臻成熟，为我国社会组织参与社会治理机制建设提供了国际经验。在全面深化改革背景下，推进社会组织参与国家治理活动需要，正确处理社会组织与政治系统的关系，要增强社会组织的“边界”功能，重点发展社会组织的利益整合和利益表达功能；完善由社会组织参与的协商民主对话机制。

---

①王高贺：“我国民间组织发展的现实困境及其突破”，《理论与改革》2012年第6期，第72—75页。

第四章　社会组织的文化责任

对于一个国家和一个民族来说，文化是灵魂和精神支柱，没有文化的国家或民族犹如没有思想的流浪者；对于一个社会组织而言，文化不仅是凝聚组织成员向心力、展现组织精神状态和价值图景的显性尺度，更是社会组织义不容辞的社会责任。弘扬先进文化、传播公益精神、培育核心价值、践行公共伦理是社会组织文化责任的核心内容。社会组织的文化责任与文化使命不是由政府等其他公共行政部门规定的，而是由社会组织自身承载的社会职责和组织功能内生而来的，换言之，如果说社会组织的生产责任、治理责任是由经济社会发展的现实需要和国家治理体系和治理能力现代化的迫切要求决定的，是一种“外在禀赋”的社会责任形式；那么，社会组织的文化责任则是社会组织在为满足经济社会发展的现实需要和国家治理体系和治理能力现代化的迫切要求的整体过程中，自觉生成的对先进文化、公益精神、核心价值和公共伦理的美好诉求和价值向往，是一种“自我生成”的社会责任形式。

那么，社会组织的文化责任在社会组织的责任体系中扮演怎样的角色，社会组织的文化责任包括哪些具体内容和表现形式，如何推进社会组织文化责任的继承与创新？本章将对上述几个问题进行一番探讨，从而彰显社会组织在社会活动中蕴涵的价值之真、人性之善、精神之美。

第一节　社会治理与社会核心价值观的重塑

“社会治理”是党的十八届三中全会审议通过的《中共中央关于全面深化改革若干重大问题的决定》中一次十分新颖的理论表述。这一提法从根本上改变了中国社会管理的既有模式，这是一种依然能清晰看到计划经济时期“社会组织化”、“组织国家化”踪影的社会管控模式。“社会治理”作为一种新的社会秩序原则和社会主体行动规范，其影响是深刻的、也是广泛的，从横向上看，它要求政府、社会组织、企业、公共事务服务部门和公民个人，在协商民主的机制下平等地参与社会公共议程设计与社会公共事务管理；在纵向上看，它要求包括社会组织在内的社会成员主体实现其组织文化的回归与变革，进而实现组织的微观文化与社会的中观价值文化、国家的宏观政治伦理文化的有效对接。因此，从这个意义上讲，社会治理呼唤社会组织文化责任的觉醒。

一、城镇化进程中的文化矛盾与社会组织的治理责任

城镇化是伴随工业化发展、非农产业在城镇集聚、农村人口向城镇集中的自然历史过程，是人类社会发展的客观趋势，是国家现代化的重要内容和标志。作为中国现代化进程中的重大战略，城镇化决不局限于空间秩序的重组、城市景观的改变、城市人口的增加，而必然会涉及城市发展模式、社会结构和文化价值领域的革命性变革。正如李克强所说：“城镇化客观上是城乡二元结构

的转变，是经济社会全方位的变革，不仅能够扩大内需、创造和创新供给、提高生产效率，更有助于缩小城乡区域差距和社会贫富差距，推动人们生产生活方式和社会文明进步，对经济社会发展和造福人民群众产生广泛的‘乘数效应’。”[①]可以说，城镇化不仅关联内需和发展，而且关乎民心与文明。

改革开放以来，伴随着工业化进程加速，我国城镇化经历了一个起点低、速度快的发展过程。1978–2013 年，城镇常住人口从 1.7 亿人增加到 7.3 亿人，城镇化率从 17.9%提升到 53.7%，年均提高 1.02%；城市数量从 193 个增加到 658 个，建制镇数量从 2173 个增加到 20113 个。京津冀、长江三角洲、珠江三角洲三大城市群，以 2.8%的国土面积集聚了 18%的人口，创造了 36%的国内生产总值，成为带动我国经济快速增长和参与国际经济合作与竞争的主要平台。城市水、电、路、气、信息网络等基础设施显著改善，教育、医疗、文化体育、社会保障等公共服务水平明显提高，人均住宅、公园绿地面积大幅增加。城镇化的快速推进，吸纳了大量农村劳动力转移就业，提高了城乡生产要素配置效率，推动了国民经济持续快速发展，带来了社会结构深刻变革，促进了城乡居民生活水平全面提升，取得的成就举世瞩目。[②]

但是，基于中国现代化进程本身的历史路径，中国城镇化本身存在着显而易见的问题，例如生态资源的损耗、历史传统的断裂、城市与农村之间的发展不协调等等。其中最突出的问题有两个：

（一）大量进城务工人员没有享受城镇的基本公共服务，还不

①李克强：《凝聚共识、形成合力，推动城镇化更稳更好发展》，中央文献出版社 2013 年版，第 608 页。

②《国家新型城镇化规划（二〇一四——二〇二〇）》，《十八大以来重要文献选编》（上），中央编译出版社 2013 年版，第 882 页。

是真正的城镇居民。城镇内部出现新的二元矛盾，农村留守儿童、妇女和老人问题日益凸显，给经济社会发展带来诸多风险隐患。截至 2013 年底，中国城镇化率名义上超过了 50%，但按户籍人口计算的城镇化率只有 35%，不仅远低于发达国家 80%的平均水平，也低于人均收入与我国相近的发展中国家的 60%的平均水平。受城乡分割的户籍制度影响，被统计为城镇人口的 2.34 亿农民工及其随迁家属，未能在教育、就业、医疗、养老、保障性住房等方面享受城镇居民的基本公共服务。在全国城市和建制镇中，各类棚户区、危房以及没有管道自来水、没有厨房厕所的不成套住房，还有 4200 万户，涉及一亿以上人口。在一些城市的城中村，几千人、上万人"蚁居"在那里。全国有 1400 多万农民工随迁子女，80%在公办学校就读，但仍有 20%在民办学校甚至不正规学校就读，同时农村还有 5800 多万留守儿童，无法在父母身边就读。

（二）全国东西部地区的城镇化不平衡。中国不仅人口多，而且发展不平衡、不协调、不可持续的问题突出。在人类历史上，实现工业化、城镇化进而成功实现现代化的国家，人口大多不到一亿，最多的美国也只有三亿多人，这些国家加在一起也只有十亿多人。目前，我国东部地区常住人口城镇化率达到 62.2%，而中部、西部地区分别只有 48.5%、44.8%。

以上两个问题导致了当前中国城镇化进程中存在两种主要的文化矛盾：政策造成的身份认同冲突，以及资本流动引发的文化冲突。

（一）政策造成的身份认同冲突。"城镇化的过程是农民转为市民的过程"①，意味着大量非城市人口被吸引和纳入城市生活体

①李克强："协调推进城镇化是实现现代化的重大战略选择"，《行政管理改革》2012 年第 11 期。

系，这不仅导致人们消费观念的更新和消费结构的升级，而且意味着生活方式和价值观念的转变。以熟人之间的物物交换和非正式契约为基础的传统社会关系和生活方式解体，人口大量增加导致的社会异质性冲破了种族和阶层之间的壁垒，“次要接触代替主要接触，血缘纽带式微，家庭的社会意义变小，邻居消失，社会团结的传统基础遭到破坏”[①]。个体从传统社会关系的制约和时间支配中解放出来，追求职业、教育、宗教、娱乐和政治等方面的不同利益，并通过制度化的竞争与合作来祛除人们缺乏责任感的弊病。用城市学家芒福德的话说：“城市，如果还有一点点意义，它就首先是人类整体性的表达和象征”。这种“整体性”，“来自于人类无比丰富的兴趣、活动、追求，也来自人类丰富的劳动分工，来自人类分门别类的社会组织、机构、制度、习惯等等，还来自人类无尽无休的潜在能力，这种能力其实早就潜伏在人类原始村落中，只是当时尚未得到机会发展、体现”[②]。

但是，当前的户籍准入政策造成大量外来移民身份模糊并由此引发身份认同冲突，这是构建城市精神的最大挑战。20 世纪 90 年代，国家允许地方城市根据当地状况对外来人口授予户籍，地方政府设立的准入标准成为落户城市的唯一途径。尽管户籍制度有所松动，但城市大门只面向社会精英敞开。“有钱人可以通过买房或设厂（投资移民），聪明人可以凭借学历或职称（技术移民），还有些人可以借助家庭关系（亲属移民）。”[③]这种社会转型时期由

①【美】沃思：《作为一种生活方式的都市主义》，转引自汪民安等主编：《城市文化读本》，北京大学出版社 2008 年版，第 151 页。

②【美】芒福德：《刘易斯·芒福德著作精粹》，宋俊岭、宋一然译，中国建筑工业出版社 2010 年版，第 206—207 页。

③田方萌：“城市化：市民化还是特权化”，《文化纵横》2013 年第 4 期，第 90 页。

于政策导致的社会分层，导致城市在充分享有外来务工人员的物质成果的同时，却并没有给外来人口以应得的身份认同。由于涉及社会福利与社会保障，外来人口的市民身份不被承认。这种身份认同障碍进一步限制了他们的社会交往能力。这些流动人口往往求助于寻找并建立以同乡为主的聚居地。“隔离和保持距离成为近来在城市中最通用的生存策略。”[①]第一代的外来居民也许会默默地忍受隔离甚至主动回避城市生活，但是他们的孩子却是在城市中长大并接受城市文化的熏陶。父母满足于地理上的横向流动，但是孩子则要求在社会地位的垂直上升。如果这种机会不能很快到来，那么外来人口的激进主义将会显著增强。城市结构和城市空间的分隔衍生出城市主流之外的他者文化，造成城市精神的空间分裂和代际断裂,使社会一体化程度下降,社会整合困难。

（二）资本流动引发的文化冲突。从世界现代化的历史进程来看，城市化对于促进社会经济发展、提升社会生活品质和人民幸福指数具有重大意义。对于发展中国家而言，他们迫切希望摆脱落后状态,从政府到民众,因此对城市化的诉求更为强烈。但是,全球资本主义和国际劳动分工对发展中国家的城市化不容忽视。恰如杰姆逊所言:“我们从一开始就必须注意到一个重要的区别,即所有第三世界的文化都不能被看作是人类学所称的独立或自主的文化。相反，这些文化在许多显著的地方处于同第一世界文化帝国主义进行的生死搏斗之中——这种文化搏斗的本身反映了这些地区的经济受到资本的不同阶段或有时被委婉地称为现代化的渗透。”[②]

①【英】鲍曼:《流动的时代》,谷蕾等译,江苏人民出版社 2012 年版,第 87 页。

②【美】杰姆逊:《处于跨过资本主义时代中的第三世界文学》,转引自张京媛编:《新世界主义与文学批评》,北京大学出版社 1993 年版,第 234 页。

全球资本的流动性导致发展中国家对投资的依赖和竞争。以资本为主导的城市化，意味着决定城市发展的首要因素不是居民的尊严和幸福，而是大公司特别是房地产资本家的利润最大化。城市开发的巨大利益，催生新的权力集团并与地方政府结成利益联盟。出于推动经济快速发展的急切心态，“地方政府致力于有选择的项目以改善城市环境，这结果以下列方式告终，或者重新安置或者排斥某部分的人口，或者通过私有化，导致制度结构的破碎化，也导向住房、基础设施和服务的破碎化。城市规划给予商业优先权，并且稀有的城市资源被挪用以迎合商业的需求。许多向穷人提供就业的地方经济被非法化，并面临着从精英群体谋求的有巨大产出的区位被驱逐的境地。”[①]更有甚者，“现在一些地区在招商引资中对工业用地实行零地价，甚至用财政返补的办法实行‘负地价’。”[②]“最新审计结果表明，地方政府整体债务率已经超过百分之一百，部分城市债务率甚至超过百分之二百。大量债务靠土地抵押融资、靠转让土地还本付息。有材料反映，有的地方政府和企业圈地、囤地，把今后二十年的土地都卖了。”[③]

这在文化方面的后果是，发展中国家在国家层面展开全球竞争的同时，城市之间也进行着新自由主义式的残酷竞争。对此，有学者不无忧虑地指出，“如果城市企业主义（在最广泛的意义上）是包含在城市间为了争夺资源、工作、资本而展开的零和竞争框

---

①【美】戈特迪纳、哈奇森：《新城市社会学》，黄怡译，上海译文出版社 2011 年版，第 279 页。

②李克强：《凝聚共识，形成合力，推动城镇化更稳更好发展》，《十八大以来重要文献选编》（上），中央文献出版社 2013 年版，第 611 页。

③习近平：《在中央城镇化工作会议上的讲话》，《十八大以来重要文献选编》（上），中央文献出版社 2013 年版，第 598 页。

架中的一部分，……他们实施的正是自己试图反抗的那些程序规则。”①

越来越多的中国城市渴望成为拥有国际竞争力的世界城市。但是，全球资本的流动性造成了一种不平衡的过度城市化(over urbanization)模式。这种模式看上去发展极快，但是，作为投资中心的、人口过度密集的“首位城市”与广大未经城市化、没有任何大城市的内地并存。“如果某人正在这个国家内寻找投资机会，典型地只有一个地区拥有人口和基础设施来支撑发展。如果某人正在寻找就业机会，只有一个地区，那里新的岗位正在被创造。结果，具有首位城市的国家被锁定在一个迁移的循环中。就像一块磁铁，首位城市从乡村吸引流动人口，牺牲了其他区位。”②国家被全球资本裹挟而缺乏协调发展的灵活性。区域之间的差异悬殊不仅扭曲了经济社会的发展，而且造成国家内部的文化冲突加剧，整个社会的价值共识难以为继。

以上两种文化冲突成为中国城镇化进程中的主要文化矛盾。如果任凭矛盾激化，那么，流淌着血汗的剥削之城，国际资本疯狂流转的金融之城，地产商和政府官员勾结的垄断之城……一副支离破碎的城市面孔也许将呈现在我们面前。

城镇化的主体是人，根本目的是为了人。中国特色社会主义城镇化是以人为本的城镇化，提高城镇人口素质和居民生活质量是城镇化的首要任务，是要建设和谐、包容、有活力的城镇。2013 年 12 月，习近平在中央城镇化工作会议上的讲话中，特别提到城市

①【英】哈维:《从管理主义到城市主义:晚期资本主义城市治理的转型》，转引自汪民安等主编:《城市文化读本》，北京大学出版社 2008 年版，第 4 页。

②【美】戈特迪纳、哈奇森:《新城市社会学》，黄怡译，上海译文出版社 2011 年版，第 284 页。

生活的人文意义。他说:“两千多年前,古希腊城邦很发达,当时人们就开始探讨城邦生活的意义。古希腊哲学家亚里士多德曾经说过:‘人们来到城市,是为了生活。人们居住在城市,是为了生活得更好。’”“一个地方弄得生活不便、交通不便、房价飙升、环境恶化,群众还有什么幸福感啊!我们要吸取教训,把让群众生活更舒适这一理念融入城市规划建设的血脉里、体现在每一个细节中。”①

从历史唯物主义的基本观点出发,城市文明不是自我决定的文化实体,它在本质上属于文化上层建筑,不能脱离经济基础和政治上层建筑而独立存在。消除城市化进程中的文化矛盾,必须大力推进城市治理。这恰恰是一种基于实践理性的现实策略。这种实践理性的合理性在于,人们对一个绝对公正的社会也许没有共识,但是他们无疑是在尽其所能地消除那些显而易见的不公正。正如阿玛蒂亚·森所说:“采用与实际选择相关的实践理性,所需要的是对各种可行方案的公正性进行比较的框架,而不是去发现一个也许不存在的和不可能被超越的完美状态。”以此为基础,消除城镇化进程中的文化矛盾不是要描绘一个绝对公正的社会,而是旨在关注如何减少不公正和促进公正,提高农民工融入城市生活的机会和能力。

李克强指出:“过去几十年,丰富的劳动力资源奠定了中国‘世界工厂’的地位,促进了城镇化快速发展。但是,作为产业工人的主体,农民工的总体素质还不高,目前百分之七十以上为初中及初中以下文化程度,百分之七十以上没有参加过非农技能培训。我国经济要发展、产业要升级,没有农民工素质的提高,就缺乏最

---

①习近平:《在中央城镇化工作会议上的讲话》,《十八大以来重要文献选编》(上),中央文献出版社 2013 年版,第 604、605 页。

基本的支撑。”[1]2014 年 3 月，中共中央、国务院印发的《国家新型城镇化规划（二〇一四——二〇二〇）》，在“推进农业转移人口享有城镇基本公共服务”部分，首先是“保障随迁子女平等享有受教育权利”，其次就是“完善公共就业创业服务体系”。不言而喻，就业是民生之本。只有提高就业竞争力，才能获得使自己在城市中稳定生活的机会，才可能将命运掌握在自己的手中。能否提高农民工的就业创业能力和职业素质，对于增强他们的就业竞争力，深入参与社区公共活动，在城镇中安居乐业具有至关重要的意义。

弥补城镇化进程造成的城市中的二元结构以及文化矛盾，除了发挥市场和政府的作用外，社会组织是一支不可忽视的力量。

《国家新型城镇化规划（二〇一四——二〇二〇）》指出，要树立以人为本、服务为先理念，完善城市治理结构，创新城市治理方式，提升城市社会治理水平。其中，“激发社会组织活力，加快实施政社分开，推进社会组织明确权责、依法自治、发挥作用。适合由社会组织提供的公共服务和解决的事项，交由社会组织承担。”“发挥业主委员会、物业管理机构、驻区单位积极作用，引导各类社会组织、志愿者参与社区服务和管理。加强社区社会工作专业人才和志愿者队伍建设，推进社区工作人员专业化和职业化。加强流动人口服务管理。”是加强和创新城市社会治理的重要内容。

那么，如何发挥社会组织在城镇化进程中的社会治理责任呢？我们以被北京市民政局，北京市人力资源和社会保障局评为 2014 年北京市先进社会组织——北京富平家政学校为例。

2002 年，全国第一家专门培训保姆的学校——北京富平家政学校创办。首批 55 名学员来自河北、山西、湖南的农村和乡镇。这

①李克强：《凝聚共识、形成合力，推动城镇化更稳更好发展》，《十八大以来重要文献选编》（上），中央文献出版社 2013 年版，第 618 页。

所家政学校主要帮助17—40岁的女性进行家政服务方面的培训，并负责给学员们安排工作，还帮助上岗的学员维权。汤敏曾经对媒体表示：“我们当时决定从家政行业切入，就是认为这是贫困地区劳动力进入大城市最好的第一跳”。“保姆问题”对经济学家来说是个“不能再大的大问题”，“它涉及中国的农民问题、农村问题、就业问题、信用问题以及教育融资等等”。[①]

在开始创办时，为了打消农民工对这种陌生的社会组织形式的顾虑，增强农民工对富平家政学校的信任，学校积极与政府合作。由政府提供信用担保。2002年8月，富平学校与安徽省扶贫办签订了长期合作协议。由安徽省扶贫办牵头，县扶贫办承办，派人深入农村进行宣传和发动，组织报名。报名者在县里统一进行体检，办证件；再由县里负责买车票，并派专人将学员送到北京。到北京前的一切费用不用农民出。务工证、体检证、婚育证等各种证件费，到北京的交通费、火车上的饭费等，都由安徽省政府扶贫基金负担。当时，600元的学费中，政府替学员支付50%，加上上述各种费用，每送一个农民到富平学校，安徽省政府负担800元。假若某个地方政府一年输入100人，按每人800元政府补贴计算，补贴总额为8万元；而从学校毕业生在北京家政服务行业市场的收入看，每年人均可得5000元。两年内可以帮助100个农民获得总收入1000万元，是政府投入的10多倍。如果这些钱汇给当地农村，或用于消费，或用于投资，都将有助于活跃当地经济，增加就业。[②]

概括而言，富平学校这种社会组织服务城镇化的模式就是，社

---

①康晓光、冯利主编：《中国第三部门观察报告（2011）》，社会科学文献出版社2011年版，第194、197页。

②康晓光、冯利主编：《中国第三部门观察报告（2011）》，社会科学文献出版社2011年版，第198页。

会组织投资，承担培训，推荐就业，政府相关部门协助招生并给予资助。学校对学员培训、实习、食宿费实行小额贷款，学员就业后分期返还。通过社会组织的力量，政府扶贫资金直接用于对农民定向就业的职业技能培训，实现了农村贫困地区剩余劳动力的有序转移，大大减少了扶贫资金分配使用中的漏损和抵消，使政府职能范围的扶贫工作更有效率。

富平家政学校对我们的启示是：只有使城市发展与个体发展相契合，城镇化才具有现实性。在任何时候，城市的生产者都是城市繁荣稳定的基石。消除“创造者不是受益者，生产者总是被剥夺者”的异化现象与不平等，保证生产者的权利是马克思主义的价值立场。因此，消除城镇化进程中的文化矛盾，必须直面长期被制度排斥的外来人口所遭受的歧视和不公正，实现人的生活方式和社会身份的城镇化。

二、社会治理是塑造社会核心价值观的重要支柱

社会组织是社会价值文化塑造和公共精神培育的重要力量，社会组织及其成员在培育和践行社会主义核心价值观、培育社会志愿精神方面肩负神圣职责。社会治理不仅是社会管理方式的转变，更深层次地触动社会公共精神生成的逻辑理路。基于上述前提的认知，我们认为，社会治理呼唤社会组织文化责任的回归，社会治理呼唤社会组织文化使命的实现。

一直以来，政府和学界在广泛关注社会组织如何更好参与社会公共服务、参与社会治理体系建设、参与政府公共议程设计的同时，对社会组织的文化建设、文化职能和文化责任并没引起足够的重视，因为在一般意义上，社会文化建设是属于党和政府的范畴，社会组织的文化职能只是部分地由文化性社会团体（如地

方文艺团体、文学联合会、记者协会、社会科学研究团体等)来承担。例如,在清华大学王名教授主编的《社会组织论纲》一书中,将社会组织的主要功能概括为“动员社会资本”、“提供公共服务”、“构建社会资本”、“推进社会治理”、“倡导公共政策”等五个方面[①],并没有将塑造公共价值文化作为社会组织的核心职能写入书中。再如,在南京工业大学张勤教授主编的《中国公民社会组织发展研究》一书中,社会组织被界定为“社会、政府与企业之间的桥梁与纽带”,“一方面,它承接由于政府职能转变而转让出来的一部分社会管理职能,起到减轻政府负担的作用”,“另一方面,它代表着社会中的某一层面、某一阶层或具有相同利益去向的一部分人的利益与要求,要求充分反映他们的心声,表达他们的意志,并将其意愿传递给政府”[②]。这种将文化责任置之于社会组织社会责任和职能体系的做法确实是学术研究的一大憾事。

实际上,国际社会早已经将文化责任纳入组织的社会责任体系之中。2010 年 11 月 1 日,国际标准化组织(International Organization for Standardization)在瑞士日内瓦国际会议中心举办了主题为“公担责任,实现可持续发展”的社会责任指南的发布仪式,对外宣布即日起正式发布 ISO26000《社会责任指南》,这也是首个国际责任标准。国际标准化组织将“道德行为”作为组织的社会责任写入 ISO26000 体系之中,该体系指出:“组织的行为应该以诚实、公正、正直的价值标准为基础,这些价值标准既是对人类、动物、环境的关注,又反映了组织对利益相关方的承诺,该承诺具体指

①王名:《社会组织论纲》,北京:社会科学文献出版社 2013 年版,第 99—106 页。

②张勤:《中国社会组织发展研究》,北京:人民出版社 2008 年版,第 11—12 页。

组织会合理解决其决策活动对利益相关方产生的影响”，组织通过下列途径完善其道德行为：

（1）确认并阐明核心主题和原则；（2）通过组织决策与他人合作的方式，建立并利用有助于提高组织内部道德行为的管理机构；（3）鼓励倡导遵守道德行为规范；（4）鉴定并交流管理机构、员工、供应商、承包商、所有者、管理者所期望的道德行为规范，特别是那些有机会对组织或组织代理机构的价值、文化、合作、政策、运营产生重要影响（同时保持当地文化的特性）的群体；（5）预防或解决组织内部可能诱发不道德的利益冲突；（6）建立和维护监督机制和控制机构以管理、鼓励和实施道德行为；（7）建立和维护机制以促进不道德行为的曝光，而免于遭受报复、威胁；（8）确认并解决当地法律法规缺失或与道德行为相冲突的情况；（9）在进行人体研究时应采用国际公认的道德行为准则；（10）当影响到动物生存时，应尊重动物的福利权益，包括为动物的饲养、繁殖、生育、运输和使用提供适宜的条件①。由此可见，在国际标准化组织设定的组织社会责任体系中，道德义务是组织十分重要的一项社会责任，组织不仅要自觉遵守和履行道德义务，更要将这种道德精神积极地扩散并传播于社会成员，使之升华为全社会的共同意识和国际公认的行为准则。

当前，社会组织在履行文化责任过程仍存在一些限制性因素和制约瓶颈，这既同社会组织对自身文化责任的认知水平和认知能力有关，也与中国社会文化的环境和制度体系有关。首先，社会组织文化建设的滞后与中国社会体制改革路径与改革历程有很大关系。有学者从新中国成立后中国现代化历史进程的角度对这

①黎友焕，文志芳：《国际标准 ISO26000 解读》，西安：西北工业大学出版社 2011 年版，第 56 页。

一问题进行了分析和探讨,认为以经济体制改革为先导的社会体制的变革与政府管理现代化与文化现代化的发展趋势不相适应,“进入新世纪后,我党及时提出了将工作重心逐步转向社会建设和民生幸福的方向,并为此作出了很大的努力,但由于各种原因,政府体制改革和职能转变比较缓慢,社会组织的发育仍然不够健全,政治组织运转仍然是当代中国社会发展的体制基础和心理障碍。但是,组织文化的建设呈现了往往落后于组织建设的情形,甚至许多组织不存在真正意义上的组织文化”①。其次,中国社会组织文化建设存在僵化性特征。当前中国社会组织文化建设存在千篇一律、内容雷同的问题,社会组织文化建设的创新性和异质性不足。第三,中国社会组织文化建设和文化推动的动力不强。根据《中国社会组织评估发展报告(2013)》2012 年 314 家全国性行业协会商会评估“社会宣传相关指标”的评估结果来看,“大多数获得 3A 及以下等级的行业协会商会,在网站投入或资料编印等方面还不足,比如有的只有网页,没有独立网站;有的网站网页项目不齐全或更新不及时;有的没有期刊;有的不注重资料的编辑、宣传,基本上是‘你干你的,我干我的’,会员和协会之间没有建立很好的信息宣传渠道,没有收到应有的宣传效果”②。

社会组织的兴起推动了社会治理体系的完善,同样,社会治理现代化的趋势走向进一步推动了社会组织文化自觉和价值自觉,这是因为,社会治理实践需要社会组织重塑其组织文化的信心,并主动担当起培育社会公共精神的社会责任。公共精神是社会成

①王卓君:“关于当前中国社会组织文化建设的探索”,《苏州大学学报》2012 年第 5 期,第 1—8 页。

②徐家良,廖鸿:《中国社会组织评估发展报告》,北京:社会科学文献出版社 2013 年版,第 70 页。

员在长期社会交往和政治、经济、文化活动中自然形成的以公共利益最大化为指向的社会公共伦理。总体来看，在国家治理体系和治理能力现代化的驱动下，社会组织对公共精神塑造是积极的，也是富有成效的，这与改革开放以来我国公民社会的发展和公民理性的回归密不可分。

辜鸿铭曾经说过："中国人的精神是一种心理状态、一种灵魂趋向，你无法像学习速记或世界语言那样去掌握它——简言之，它是一种心境，或用诗的语言来说，一种恬静如沐天恩的心境"[①]。公共精神为一种社会意识，其范畴与内涵伴随古老中国现代化转型的发展而不断丰富，公共精神影响领域和覆盖范围也随着公民意识的觉醒和民主政治的成熟而逐渐扩大。公共精神存在于公民社会之中，公民个体与社会组织是公共精神的主要承载主体，它以优化社会公共秩序、实现社会资源合理分配与流动、维护社会公平正义与和谐稳定为目标，它是人类对美好事物追求的善良本性的回归与自我占有，标志着人类社会文明的伟大进步。公共精神不仅以道德约束、公共伦理的形式存在，更是执政党和政府治国理政的政治目标和政治远景。"公共精神应秉承公共性，以公共利益为目的，不仅强调事实上的'共'，更要强调价值趋向上的'公'，强调的是一个人从只关心自我或自我的利益到超越自我，能够理解他人的利益"，"相对于以往公共性的篡夺并架空，当前的社会公共精神正致力于实现真正的公共性。国人公民意识、权利意识、社会责任意识日强，逐渐跳出个人的狭隘小圈子，更多体现的是

①彭继红："论20世纪中国公共精神的复兴和重建"，《湖南师范大学学报(社会科学版)》2003年第6期，第37—41页。

对国家、社会事务的公共责任和公共关怀等”[①]。这也从另一个层面折射出，在社会治理现代化背景下，社会组织对公共文化责任的继承与展开不仅需要通过文化传播途径来实现，还要通过社会公共事务的广泛参与和社会公共服务的积极承担来实现。因此，我们对一些社会组织为什么长期致力于社会公益事业而不求任何经济回报和溢美之词有了更为深刻的理解。

美国约翰·霍布金斯大学非营利组织比较中心莱斯特·M.萨拉蒙（Lester M.Salamon）对社会组织弘扬人道精神有过这样一段描述：“从北美、欧亚的发达国家到非洲、拉美和苏联集团的发展中社会，民众正在创建各种团体、基金会和类似组织，去提供人道服务，促进基层社会经济发展，防止环境退化，保障公民权利，以及成百上千例无人关注的或由国家承担的种种目标”[②]。社会组织的发展已经超越了意识形态和价值观念的分歧成为一种国际潮流和世界趋势，社会组织在全球范围内的兴起和扩散对于向落后国家施以经济援助和科技支持，向战乱地区人民和贫困地区民众提供人道主义救济，共同推动国际政治经济秩序深层次变革，优化全球公共治理体系和治理结构具有重要意义。

以全球包容性增长和合作共赢为核心理念的全球公共精神，正是在社会组织参与全球治理的实践中得以广泛传播并获得国际社会的普遍认同。以非政府组织参与国际气候谈判为例，1997年12月《京都议定书》在日本东京获得通过后直至2012年底，国际社会就《京都议定书》第一承诺期届满后的后续安排展开了艰

①余睿：“公共领域与公共精神的关系演变”，《理论探索》2008年第6期，第116-119页。

②李亚平，于海：《第三域的兴起》，上海：复旦大学出版社1998年版，第7—8页。

苦卓绝的谈判，据统计，哥本哈根大会召开前夕共有4.5万余人注册参与会议，其中约3万人为非政府组织代表，占注册参会人数的67%。然而在大会举行的第二周，大部分非政府组织被无理由拒绝进入会场，会场外的非政府组织开展了大规模的示威游行和抗议，向世人展示了其应对变化的立场和决心①。可以说，来自不同国家和地区的非政府组织在保护全球生态环境、维护人类共同生存的地球家园中具有高度的一致性，这与主权国家在进行国际气候谈判时的激烈博弈、互不相让形成了鲜明反差。更深层次来说，这是人类命运共同体意识在社会组织行动中的具体体现。

第二节　社会组织：构建社会主义核心价值观的重要主体

社会组织是建立在自愿原则与公益原则基础上的非营利性组织。从发生学角度来看，中国社会组织兴起的“初始动力”产生于党的十一届三中全会后中国知识分子的政治解放与责任意识的“二次觉醒”。以科技协会和理论研究会为代表的学术类社会组织的快速发展开启了中国社会组织大规模创建的动力引擎，由此导致的一个重要结果是：计划经济背景下以政党和政府“一家独大”的一元制社会管理体制逐渐瓦解，取而代之的是由公民个体、社会组织、企业以及公共部门共同参与的多元化社会治理体系，社

①侯佳儒，王倩：“国际气候谈判中的非政府组织：地位、影响及其困境”，《首都师范大学学报(社会科学版)》2013年第2期，第55—60页。

会组织在国家政治生活、社会经济生活和公共文化生活中的作用发挥与影响力度日益增强。

社会组织的蓬勃发展直接触动了中国公民社会的神经和细胞。公民意识的增强和个体自我选择能力的回归,改变了传统中国社会公共议程设计的格局与公共资源配置的方式,由此更进一步引发了政府职能的调整与行政理念的变革,政府部门唯有适度向社会分权,在公共管理和公共服务中实现与公民和社会组织的良性互动,才是政府现代化转型的本质意义。中国公民社会的生成路径只有遵循上述逻辑,才能激发公民和社会组织“更多的投入、更多的参与、更多的共同行为,使政府与社会及公民之间形成一种以责任、妥协、宽容为特征的平衡和互动状态”①。我们认为,在现代语境下,政府与社会组织的“平衡和互动状态”并不是以一种虚幻的“共同体”的形式存在的,这种状态是具体的、真实的、现实的,“共同意识”是维系这种“平衡和互动状态”的黏合剂。对于中国而言,这种“共同意识”最为显著的形式和最为集中的概括就是社会主义核心价值观。

社会主义核心价值观是社会主义核心价值体系的高度凝练和集中表达,体现了社会主义的本质要求和根本属性,是当代中国社会成员广泛认同并普遍接受的社会价值文化。社会主义核心价值观作为当代中国公共伦理的核心范畴,越来越深刻地影响着社会成员的行为规范、价值导向和活动指向。社会组织是推进国家治理体系和治理能力现代化建设的重要力量,社会组织不仅要在公共产品和公共服务的供给过程中履行“生产责任”,还要在社会主义核心价值观的培育与传播过程中履行“文化责任”,而后者比

①张勤:《中国公民社会组织发展研究》,北京:人民出版社 2008 年版,第 85 页。

前者更具有根本性、普遍性意义。正如中共中央办公厅印发的《关于培育和践行社会主义核心价值观的意见》指出:“培育和践行社会主义核心价值观是全社会的共同责任”①。

一、社会组织与社会核心价值观

培育社会主义核心价值观是上层建筑范畴下意识形态领域的实践活动,社会组织建设与发展是经济基础范畴下社会生活的客观事实。社会组织履行提供公共服务、参与社会治理、整合社会资本、推进政治民主化进程等诸多职能,不仅是组织成员为实现公民善存、社会善治、政府善政的目标而采取的集体行动,其背后还隐藏着更为深刻的文化逻辑、价值因素和情感认同。美国政治学家阿尔蒙德从政治民主化的角度对社会组织参与公共事务的文化动因作了论述,他指出:“置身于公民文化的环境之中,普通人更可能经常地、大量地接触政治传播,更可能是某个组织的成员,以及从事非正式的政治讨论。这些活动本身并不是积极地参与一个社会的决策过程,但它们的确增加了这种参与的可能性”②。

由此,我们认为,公民社会孕育社会组织的过程本质上就是社会价值文化培育与塑造的过程。一定社会历史条件下的社会价值文化因素总是潜移默化地体现在社会组织的生成与发展、结构与职能、活动与行为之中。换言之,社会组织并不是孤立的社会存在物,它是社会文化要素的集合体和价值理念的传播者。举例来说,

①《关于培育和践行社会主义核心价值观的意见》,北京:人民出版社 2013 年版,第 20 页。

②【美】加布里埃尔·A.阿尔蒙德,西德尼·维巴:《公民文化》,北京:商务印书馆 2014 年版,第 348 页。

产生于中国封建社会时期的会馆[①]作为中国社会组织的“活化石”,不仅为身在异乡的同籍人士提供休养生息之所,也承载着中华传统文化的优秀基因和异地游子的精神寄托。会馆推动了土籍文化与客籍文化的碰撞与对接，进而推动了中华文化与外来文化、乡土文化与城市文化、传统文化与现代文化、主流文化与草根文化的深度交融与整体融合。因此，与其说会馆是中国封建社会经济文化发展的社会产物，倒不如说它是一种具有鲜明民族特色的文化创造。正如有学者评价:“会馆始终自觉地奉行积极进取的宗旨，从而在中国传统社会的变迁中既保存了传统，又推进着社会变迁。”[②]产生于封建社会时期的会馆因价值传播和文化交融的需要而延续至今，产生于现代文明时代下的社会组织也必将对社会价值文化的培育和传播产生深刻影响。

一般而言，社会价值文化是社会主体在特定的历史条件和自然环境下长期发展并最终形成的关于公共精神、责任伦理、生活方式和价值理想的集中概括和精确凝练，对社会成员增强公共秩序意识和政治参与意识、促进社会和谐与社会建设、引领社会新风尚具有促进作用。社会价值文化涵盖的领域和范畴十分丰富，我们很难一一罗列出社会价值文化的全部要素。社会主义核心价值观从自由、平等、公正、法治四个方面规定了社会层面的价值取向，这一规定也成为我们探寻社会价值文化核心内容以及更好地理解社会组织文化向度的逻辑线索。

关于社会组织与自由。“自由”是现代政治哲学话语体系中必

①会馆是明代以来同乡人士在各地设置的社会组织,“祀神、合乐、义举、公约”是会馆的基本功能。

②王日根:“会馆是体现中华文化精神的社会组织”,《寻根》2007 年第 6 期，第 4—8 页。

不可少的关键词。根据哈耶克的观点：自由是人的一种生存状态，在此状态下，“一些人对另一些人所施以的强制，在社会中被减至最小可能之限度”[①]。哈耶克从否定性角度对“自由”内涵作出界定，这种界定路径与中国社会组织自身成长发展历史轨迹不谋而合。简要回顾中国社会组织发展史便知，改革开放以来，中国社会组织的发展经历了“政府限制—政府管制—政府引导—政府支持”的一般过程，社会组织在人权、事权、物权、财权等方面逐渐脱离于行业主管部门和行政管理部门，特别是党的十八届三中全会提出“加快实施政社分开，推进社会组织明确权责、依法自治、发挥作用”，这有助于社会组织真正回归“公益本位”和“社会本位”，进而促进其独立自主地在社会治理实践中发挥作用。

关于社会组织与平等。马克思指出：“平等是人在实践领域中对他自身的意识，也就是说，人意识到别人是同自己平等的人，人把别人当做同自己平等的人来对待”[②]。由于人们在个体认知能力和社会实践能力上存在差异性，因此平等是一种机会上的平等和权利上的平等，平等不等于结果的平均。社会组织是平等理念的忠实追随者，从社会组织内部治理结构来看，社会组织成员在社会组织内部享有广泛而平等的民主权利，社会组织成员的民主权利不受任期年限、知识结构、社会背景、专业职级等因素的限制；从社会组织生存的生态环境来看，社会组织是受宪法和法律保护的独立的社会法人机构，它与企业、政府、群众团体、公共事业部门等都平等地享有公共事务管理和服务的参与权利和监督权利，

①哈耶克：《自由秩序原理》（上），邓正来译，北京：三联书店 1997 年版，第 3 页。

②中共中央编译局：《马克思恩格斯文集》（第 1 卷），北京：人民出版社 2009 年版，第 264 页。

社会组织可以通过协商民主机制同政府和政党展开平等的对话与沟通，传递底层群众呼声，表达组织利益诉求，为政府公共决策提供咨询和帮助。

关于社会组织与公正。公正即公平与正义，实现社会公平正义是社会主义的本质要求。西方古典自由主义和新经济主义学派以“理性人假说”和“绝对自由主义精神”从根本上改变了人类文明发展进程中生产资料的分配方式和占有形式，完全私有化和自由放任的政策直接导致社会财富的分配不公甚至造成社会阶层对立。在社会主义国家中，社会组织是维护和实现社会公平正义的重要力量，它不再是西方国家社会组织那样为了凸显其存在意义而向贫苦群众施以援手。譬如，由中国青年基金会发起倡导并组织实施的“希望工程”，其宗旨就是资助贫困地区儿童重返学校，建设希望小学，改善农村办学条件。“希望工程”自 1989 年 10 月实施以来，累计资助 230 万失学儿童重返校园，援建希望小学 8000 余所，培养希望小学和农村小学教师 2300 余名①。

关于社会组织与法治。法治精神就是自觉维护宪法和法律的尊严，自觉在宪法和法律规定的范围内活动，自觉接受法律监督。社会组织的创建与发展直接推动了社会主义法律体系走向完善和成熟。特别是 2004 年出台的《基金会管理条例》是社会组织法制探索的重要成果。尽管现存的社会组织法律体系和行政法规制度对社会组织的健康成长与独立发展的社会期待还有较大差距，但“现存法规中存在的问题使得进一步的修改和完善势在必行，行业协会、农村专业技术协会等一些领域的专项法规也将陆续出台，地方政府在这方面的创新之举则推动着整个法律政策环境的

①周小华，付平：《社会组织发展与建设和谐社会》，中国社会出版社 2009 年版，第 80—81 页。

不断改善”[1]。

二、充分发挥社会组织在培育社会主义核心价值观中的主体作用

通过上面的论述可知，社会组织是社会价值文化的集合体，社会组织的治理结构、职能定位、活动范围无不体现着社会价值文化的若干原则，社会组织与社会价值文化相互渗透，是反映社会发展的文明程度和社会成员精神状态的“一面镜子”。社会组织与社会价值文化的内在耦合、相互嵌构的关系，决定了社会组织在培育社会主义核心价值观过程中的基础性作用，这种基础性作用主要表现在以下几个方面：

首先，社会组织为培育社会主义核心价值观提供了组织载体。我们认为，社会组织是培育社会主义核心价值观的重要社会主体，它与执政党、政府、学校、企事业单位、群众团体一样，都肩负着推进社会主义核心价值观大众化、实践化的神圣职责。如前文所述，社会组织是承载社会价值文化的重要载体，是社会文化资源的诸多样态之一。“从本质上说，培育社会主义核心价值观的过程，就是通过文化资源实现社会主义核心价值观被广大群众接受、认同的过程。文化的过程只有通过蕴含和融入价值感受与价值体验、价值抽象与价值反思，进行文化熏陶、文化感染、文化传递、文化激励和文化教育，帮助大众汲取文化精髓、获取文化力量，把握价值内涵和价值意义，完成文化传递—文化认知—文化理解—文化接受—文化认同的发展过程，才能最终形成核心价值观”[2]，而社会组织的发展与壮大为培育社会主义核心价值观文化

---

①王名：《社会组织论纲》，北京：社会科学文献社 2013 年版，第 132 页。

②李大鹏，徐迎春：“基于文化载体的社会主义核心价值观培育”，《中国井冈山干部学院学报》2013 年第 5 期，第 52—57 页。

路径的传播提供了丰富资源和多种选择。

20世纪90年代以来，中国社会组织发展迅猛，根据《民政部2012年社会服务发展统计公报》显示，截至2012年底，中国有“注册登记”的社会组织49.9万个，包括社会团体27.1万个，民办非企业单位22.5万个，基金会3029个，并以年均8%的增长速度递增。此外，还有一些尚未登记注册的社会组织活跃在医疗卫生、科学教育、志愿服务、社会保障、扶贫救困、抢险救灾等各个领域，甚至在虚拟社会和网络空间也涌现出一大批社会组织。遍布于社会关系网络各条分支和各个节点的社会组织及其成员，俨然成为培育社会主义核心价值观的重要力量。

其次，社会组织为培育社会主义核心价值观奠定了社会基础。社会组织的兴起与发展直接引发了社会管理体制和治理方式的深刻变革。

西方著名马克思主义学者葛兰西在研究分析西方公民社会后认为，资产阶级的文化领导权建立于社会大多数成员“认同”、“同意”基础之上，反动、欺骗的内核以合法性的形式出现，他指出：文化领导权的实现应“采取各种平衡形式的强力与同意的配合，而且避免强力过于明显地压倒同意；相反，甚至企图达到表面上好像强力是依靠了大多数人的同意”①。葛兰西对资本主义公民社会文化领导权形成的原因分析为我们提供了一条重要启示：社会主义核心价值观的培育与传播需要贯彻民主原则，在广大社会成员认同和同意的前提下创造性地进行宣传和传播。

社会组织为社会主义核心价值观的培育奠定了坚实的社会基

①【意】安东尼奥·葛兰西：《狱中札记》，葆煦译，北京：人民出版社1983年版，第197—198页。

础，这是因为社会组织是社会成员根据自愿平等原则自发组建的非营利性组织。民主原则是社会组织治理结构和治理机制的核心原则，社会组织成员无论其级别高低都要无一例外地严格遵守组织章程、组织决议和组织纪律。高度的民主制度和完善的组织治理体系，为社会主义核心价值观在组织内部的传播创造了条件。当然，只有高度的民主制度尚且不够，社会组织对社会主义核心价值观的认同或同意才具有决定意义。如前文所述，社会组织与社会主义核心价值观社会层面的价值取向高度契合，这就从另一个层面反映出社会组织天然地与社会主义核心价值观的若干准则共生共存。正如有学者指出:“公民社会组织作为自主、自治、自愿、非政府、非营利性的民间组织,在其现实运作过程中有效地培育了包括独立人格意识,权利意识,责任义务意识,自由、平等、民主意识,公德意识等在内的现代公民意识”[①]。

第三,社会组织为培育社会主义核心价值观拓展了实践空间。马克思指出:“全部社会生活在本质上是实践的。凡是把理论引向神秘主义的神秘东西，都能在人的实践中以及对这种实践的理解中得到合理的解决”[②]。社会主义核心价值观不是空洞的、抽象的、虚无缥缈的“经院哲学”,禁锢于书斋课本中的社会主义核心价值观在很大程度上抹杀了其“实践本性”,党中央提出要把“培育和践行社会主义核心价值观落实到经济发展实践和社会治理中”[③]，

①李永杰:“公民社会组织与现代公民意识的塑造”,《长白学刊》2008 年第 3 期,第 39-43 页。

②中共中央编译局:《马克思恩格斯文集》(第 1 卷),北京:人民出版社 2009 年版,第 501 页。

③《关于培育和践行社会主义核心价值观的意见》,北京:人民出版社 2013 年版,第 9 页。

正是对其实践本性的最好关照。社会组织涉及的行业广、人员多、专业强，这就决定了社会组织所延伸触及之地就是社会主义核心价值观传播培育之所。社会组织在不同行业、不同领域、针对不同对象提供专业化公共服务和技术支持的实践过程中，也在悄无声息地实现了社会主义核心价值观的传播和扩散。

在此，我们以中国青年志愿者组织为例作进一步说明。中国青年志愿者协会是团中央领导下的青年志愿服务组织。据统计，2008—2013 年间，“通过深入实施青年志愿者行动，动员广大青年积极参与抢险救灾、大型赛会、社区建设、扶危济困等，共有 16 万名高校毕业生参加大学生志愿服务西部计划，有 1 万多人扎根西部基层”①。中国青年志愿者在社会主义现代化建设的各条战线上用青春与汗水谱写了壮丽的青春华章，他们有的成长为行业精英，有的成长为领导干部，有的成长为致富能手，有的成长为科技人才。社会实践场域的丰富性和延展性为中国青年志愿者在各条战线大有作为、传递核心价值观提供了无尽可能。2013 年 12 月，习近平总书记在给华中农业大学“徐本禹志愿服务队”回信中，对中国青年志愿的志愿服务行动给予高度评价，他希望中国青年“弘扬奉献、友爱、互助、进步的志愿精神，坚持与祖国同行、为人民奉献，以青春梦想、用实际行动为实现中国梦作出新的更大贡献”②。

社会组织是培育和践行社会主义核心价值观的重要社会力量，它是推动公民社会文化变革和价值变迁的重要动力。发挥社

---

①团十七大文件起草组:《共青团十七大报告学习辅导读本》，北京：中国文联出版社 2013 年版，第 32 页。

②《习近平勉励青年志愿者以青春梦想用实际行动为实现中国梦作出新的更大贡献》，《人民日报》2013 年 12 月 5 日。

会组织在推进社会主义核心价值观大众化的建设性作用，就要以鼓励支持社会组织健康发展为基础，以社会治理体系现代化建设为关键，以提高社会组织公共服务水平为重点，增强社会组织引领社会新风尚的文化向心力和价值感召力。

第一，积极鼓励并正确引导社会组织健康发展。中国社会组织经过三十多年的发展已经形成较大规模，社会组织的触角几乎延伸到社会经济、政治、文化、社会、生态环境等各个领域。但是，我们也要清醒地看到，中国社会组织健康发展的政策环境、社会环境和文化环境仍需要进一步改善。社会组织核心价值观大众化需要社会组织与政府部门的协同推进，两者是合作与对话的共赢关系。只有社会组织得到自由、充分、健康、合理的发展，社会主义核心价值观大众传播的媒介和通道才是通畅的。一方面，要加大力度扶持尚未登记注册的公益性组织“浮出水面”，改变以法人登记许可作为评判社会组织合法性的唯一标准，在主观上改变过去按照意识形态、路径依赖、价值倾向、资金来源、领导好恶等为基准所形成的对社会组织的政治不信任感和心理敌意，以平等、包容、善意的态度接纳社会组织参与社会治理实践。另一方面，要法治思维和法治理念加强对社会组织的监督管理，要加快推进中国特色社会组织法律体系建设，制定《中国社会组织法》，与时俱进地推动社会组织有关法律和部门行政法规的废、立、改工作，优化社会组织成长的法律政策环境。

第二，以现代化思维加快推进社会治理体系的深度变革。社会治理不同于社会管控，它以尊重社会成员的平等主体地位为前提。以现代化思维推进社会治理体系的深度变革，就是实现由过去“一元化”社会力量分布格局向“多元化”社会力量分布格局的转变。其中，“协商机制”是实现上述转变的关键环节。“广泛的协商能够培育公民美德，进而成为简单投票模式的某种取代”，“民主的充分协商，能为控制行政权力、强化行政责任寻找到新路”[①]。公共部门应积极主动地与社会组织就某一问题进行广泛协商，一方面政府在与社会组织对话沟通过程中，可以间接听取社会组织所联系的某一特定行业、特殊领域公众的利益诉求，进而制定出利益公约数最大化的公共政策；另一方面也有助于降低政府议程设计成本，减轻因政策制定失误而引发的社会不满情绪，正如有学者指出，社会组织可以成为政府推行公共政策的合作者，“当一些政策尚未获得足够民意支持的时候，或者一些需要修订的政策期待得到民意反对的时候，或者在另一类情形下政府需要探测社会对某些政策的反应，或者需要在局部地区开展政策试点等等，这些情形下如果能够得到社会组织的合作，政府所面对的社会压力将大幅度减小”[②]。

第三，着力提高社会组织的公共服务水平。在社会治理语境下，社会主义核心价值观大众化实践转化主要是通过社会组织向公众无偿提供公共产品和公共服务实现的，社会成员特别是弱势群体在接受和享用这些公共产品和服务的同时，“友爱、互助、包容、奉献”的公共精神也被社会成员所认可、接受和转化。提高社会组织公共服务能力要以拓展社会组织生存空间为前提，政府可以将社会事务、行业和技术事务、市场监管等职能，通过委托、授权、购买服务等方式转移给社会组织；企业也可以将公益行为转移给社会组织，科学合理地服务社会公众，使社会服务最大限度

①卡洛琳·亨德里克斯：《公民社会与协商民主》，载于陈家刚选编《协商民主》，上海：上海三联书店 2004 年版，第 76 页。

②王名：《社会组织论纲》，北京：社会科学文献出版社 2013 年版，第 389—390 页。

地发挥其作用[①]。提高社会组织公共服务能力的关键是加强社会组织专业化建设，要改变以往仅凭兴趣、热情、爱好、情感做公益的现象，要加强对社会组织管理者和一般成员的教育和培训，加强社会工作理论研究和实践探索，建立并完善社会组织行业认可与评价制度。举例来说，成立于2010年的广州志愿者学院是地方政府探索推进社会组织公益服务专业化的典例，学院牵头制定了《广州志愿者培训管理办法》，开展了社区志愿者、志愿者协会骨干、幸福广州城市志愿者服务站志愿者、志愿者沙龙、志愿大学堂等多个公益培训项目[②]，这些举措有力提升了广州志愿服务工作的科学化和专业化水平。

第四，社会组织要切实履行培育和传播社会主义核心价值观的职能。我国《社会团体管理条例》第四条规定："社会团体不得违背社会道德风尚"。这是从社会道德层面对社会团体的行为作出的要求，维护社会主义道德规范和价值准则的权威性是社会组织义不容辞的社会责任。特别是从事社会科学研究的学术团体，更要把培育和传播社会主义核心价值观同本组织科研工作和学术交流活动结合起来，理直气壮地宣传社会主流价值，坚决地同西方腐朽思想和社会丑恶现象作斗争。以成立于2004年的山东省沂蒙精神研究会为例，研究会是专门从事沂蒙精神研究的学术团体，其宗旨是："组织全省广大社科理论工作者和实际工作者，从理论与实践的结合上，深入挖掘沂蒙精神的丰富内涵与时代特征，探讨沂蒙精神与中华民族精神的内在联系，以及沂蒙精神在

①徐家良，廖鸿：《中国社会组织评估发展报告（2013）》，北京：社会科学文献出版社2013年版，第232页。

②"志愿先锋　青春飞扬——成长中的广州志愿者学院"，《青年探索》2011年第6期，第99页。

推动全省经济社会发展、全面建设小康社会中的地位和作用，进一步促进弘扬沂蒙精神活动的深入开展，使其真正成为凝聚和激励全省人民进行改革开放和现代化建设的强大精神动力”[①]。该协会创办了“沂蒙文化网”，积极开展“沂蒙精神与践行党的群众路线”等学术研讨活动，积极探索社会主义核心价值观与沂蒙精神融合传播的路径与方法，在山东文化建设中的独特优势日益显现。

第三节 社会组织与志愿精神

文化责任是社会组织最为重要、影响最为深远的社会责任。特别是在全面深化改革背景下，社会组织的文化责任对于社会各界凝聚改革共识，强化改革的担当意识和使命意识，增强全体社会成员支持改革、参与改革信心和决心具有重要意义。这里需要进一步指出一个问题，即文化的样态及表现形式多种多样，社会组织的文化责任也具有不同的表现形式。其中，培育和弘扬志愿精神，在社会治理和社会建设中塑造并传播志愿文化是社会组织文化责任的一项重要内容。志愿精神是当代中国公共伦理与社会文化的基本范畴，也是社会主义核心价值观在社会价值取向层面和个人价值准则层面的集中表达。以社会主义市场经济体制的建立完善与政治体制改革驱动下有限政府的积极塑造为逻辑起点，中国社会组织[②]在数量、规模、类别、行业领域等方面发展迅速，已

①“山东省沂蒙精神研究会成立”，《临沂师范学院学报》2004年第5期，第16页。

②本文的“社会组织”主要指一般而言的民间组织，包括根据现行法规在各级民政部门登记注册的社会团体、基金会、民办非企业单位和商会等。

发展经成为当代中国社会治理体系与治理能力现代化建设中的一支重要力量，并深刻地影响着市场主体的活动方向与范围、政府公共议程设计与实施、社会公共文化培育与塑造以及政府、市场与社会的互动关系。

社会组织的志愿精神是社会组织及其成员在动员社会资源、提供社会服务、建构社会资本、推进社会治理、倡导公共政策的实践过程中，彰显而出的“奉献”、“友爱”、“互助”、“进步”的核心价值，它表现为“个人或组织为追求社会利益和自我价值的实现，在志愿精神的感召下，自愿奉献出自己的知识、技能、体力、精力、财富，通过志愿服务为他人和社会提供服务”①。社会组织志愿精神是社会组织文化价值体系的精髓与核心，它将散置于社会结构体系各个角落中的公民个体，通过无差别的公共伦理与志愿文化的确认与塑造有效整合起来，使公民个人无偿参与社会建设和提供公共服务成为一种集体意识和自觉行动。正如爱德华·希尔斯(Edward Shils)所说：“它强化了成员的责任意识和合作意识，养成了他们的平等意识和对人的尊重，使他们对权利和平等产生更深刻的认识。这些都是现代社会中公民社会的成员所应具备的美德”②。

一、志愿精神的文化意义

志愿精神是公共伦理的重要范畴，也是当代中国社会主流价值文化的重要内容。20 世纪六七十年代，以学雷锋活动为起始点，

①万斌，高嵘：“当代中国志愿精神的三维把握”，《山东师范大学学报(人文社会科学版)》2012 年第 6 期，第 121—129 页。

②【美】爱德华·希尔斯：《市民社会的美德》，转引自：邓正来：《国家与市民社会：一种社会理论的研究路径》，北京：中央编译出版社 2002 年版，第 63 页。

中国社会的志愿服务活动和志愿者组织如雨后春笋般涌现出来，这些志愿服务组织以志愿文化为核心凝聚了社会各界的各类成员，其中有知识精英、有普通工人和农民、有大中专学生，还有工商业者等等。无论社会组织的成员构成多么复杂，他们都坚定地秉承着一个共同的理念——服务社会、奉献他人、快乐自己。

社会志愿服务组织的兴起引发了学界对社会组织志愿精神的探讨。特别是20世纪90年代以来，中国社会组织尤其是志愿服务组织快速发展和壮大，加之北京奥运会、残奥会、上海世博会的举办，使中国志愿者在世界舞台上拥有了表现自我、彰显风采的机会，中国社会组织志愿服务呈现国际化趋势，并日益受到国际组织的普遍关注。那么，什么是志愿精神，我们应该如何理解志愿精神？

有学者从文化精神的传统积淀与历史形成过程的角度对中国的志愿精神作了界定。中国的志愿精神是传统美德、时代精神和人类共同文明的有机结合。它一方面是对中华民族团结友爱、助人为乐、见义勇为、尊老爱幼、尊师重教等传统美德的继承和光大；另一方面是社会主义时代精神的弘扬和雷锋精神在新时期的体现。通过志愿服务的开展，中国在市场经济追求效率、利润，鼓励竞争的同时，强调公平、正义和爱心的社会主义道德观①。

也有学者对志愿精神的内涵与实质进行了概括。志愿精神是一种自愿地、不计报酬地参与推动社会进步、促进人类自身全面发展的社会公益事业的精神。志愿精神强调不分种族、不分肤色、不分等级、不分亲疏，只要是人就应该关爱、就要帮助、就要扶持。志愿精神的核心是服务团结的理想和共同使这个世界变得更加

①穆青："如何理解志愿服务与志愿精神"，《北京青年政治学院学报》2005年第3期，第9—12页。

美好的信念[1]。志愿精神的实质是人们基于一定的公共意识、关怀意识(利他意识)、责任意识、参与意识、合作意识和奉献意识——当然还有一定的个人偏好(例如自由、自愿、追求生命的价值和意义)基础之上的自觉努力[2]。

还有学者从公共精神的视角出发论述了通过志愿精神培育公共精神的可能。首先,公共精神指向的个体间关系确立了"前提性"志愿态度,公共精神的"自主"行为逻辑发挥了个体参与志愿服务的动力源,即自愿性;公共空间自由、平等的实践理念,必然塑造出独立的主体,不会出现"谁完全从属于谁"。其次,公共精神的责任内核深化了志愿精神的"德行"意蕴,它是唤醒他人参与社会奉献、克服道德冷漠、深化志愿精神的重要内容选择。第三,公共精神的理性实践模式促成了志愿精神生成的伦理氛围,公共精神的实践理性模式主要在于个体间相互信任,在信任的基础上演化成一种"契约型"的行为逻辑。而一旦"信任"断裂,"互助"将立即终止并造成信任危机。进而会消解志愿精神的"互助"内涵。因而,公共精神中的公共性价值理性,将有助于促进志愿精神中"互助"、"进步"的理性实践,促生志愿精神实践所需要的信任和合作伦理氛围,并在内容和价值上作用于志愿精神的生成机制[3]。

一言以蔽之,志愿精神的本质就是公共伦理精神,它以增进社会成员福祉、帮扶社会弱势群体和贫困人口、缓解社会贫富差距和两极分化为旨归,以向社会成员提供无偿的或低价的公共产品和公共

---

①王欢,梅红等:"和谐社会视域中志愿精神的发展研究",《教学与研究》2010年第4期,第15—21页。

②陈学明:"中国青年志愿者行动与和谐社会的构建",《中国青年政治学院学报》2006年第2期,第34—40页。

③曾琰:"公共精神:志愿精神培育的内核",《思想理论教育》2012年第8期,第15—19页。

服务为实现形式。志愿精神是社会组织公益性和公共性的集中体现，践行和弘扬志愿精神是社会组织在进行社会福利生产、参与社会治理实践过程中自然生成的，是社会组织内生型的社会责任形式。

二、社会组织的志愿精神

从本体论层面把握社会组织志愿精神的丰富内涵与鲜明特质，是研究社会治理背景下社会组织志愿精神培育路径的逻辑起点。在不同的话语体系与研究范式下，社会组织的志愿精神具有不同的生成理路，并呈现出不同的价值样态。从多维视角审视和把握社会组织志愿精神的要素与结构特征，有助于我们立足不同阶段、不同领域、不同地区社会治理的客观事实，有的放矢地推进社会组织志愿精神的培育和塑造。

社会组织的志愿精神首先是以社会组织的组织文化形式得以存在，并对社会组织的内部成员、治理结构、决策咨询机制、制度保障体系、形象塑造与品牌推广等产生广泛而深刻的影响。社会组织具有鲜明的非营利性特征，“非营利性强调这些社会组织不是营利性的企业，它们不以营利为目的，不具有利润分红等营利性的分配机制，组织资产不得以任何形式为私人所占有”[①]。社会组织的非营利性特征从根本上决定了社会成员若想成为某一社会组织的一员，必须具有坚定的志愿服务精神和公益精神，有意愿并有能力把自己有限的时间、精力、知识、技能乃至情感应用于社会公共事业建设之中，不计报酬、不计劳动、不计个人得失，这是社会成员加入社会组织的前提性条件。因此，从社会组织的组建及其成员资格确认的角度来看，志愿精神是社会组织得以存在和

①王名：《社会组织论纲》，北京：社会科学文献出版社 2013 年版，第 86 页。

发展最重要的心理基础和价值前提，社会组织成员的集体行动无不是建立在公益精神和公共利益基础之上自愿形成的。进而可知，在较低层次上，社会成员需要对志愿精神作出价值判断，作出是否应当成为社会组织成员的理性选择；在较高层次上，志愿精神是社会组织赋予组织成员集体行动的基本原则和道德义务，“人天生具有特殊的道德感”，“作为‘道德的人’，人能够认同和认可道德理念，并在自由行动中实现道德理念”①，对个体道德理念与和谐秩序的不懈追求是社会组织志愿精神的灵魂。

需要指出的是，由公益精神所主导的志愿行为与理性人假说提出的逐利行为并不矛盾。社会组织成员在参与公共服务与社会建设过程中所追求的不是经济利益的最大化，而是个人社会价值的最大化，后者是比前者更为深刻、层次更高的个体需求。美国著名社会心理学家麦克利兰认为，在人的生存需要得到基本满足的前提下，人还具有更高层次的三种需要：成就需要、权力需要和亲和需要②。很显然，由志愿精神引发的社会公益服务活动能够最大限度地满足组织成员个体的成就需要与亲和需要，有时，这种需要的满足是以政治权威主体的价值评价来确认的。譬如，2008 年 9 月，胡锦涛同志在北京奥运会残奥会总结表彰大会上对广大奥运志愿者的无私奉献和辛勤工作给予高度评价：“广大奥运志愿者真心奉献、友爱互助，向世界展现了中国志愿者的时代风采，为祖

---

①【德】威廉·施密特－比格曼：《义务、权利、美德——德国早期启蒙运动中市民的法哲学构成》，转引自韩水法、黄燎宇：《从市民社会到公民社会——理解“市民—公民”概念的维度》，北京：北京大学出版社 2011 年版，第 168 页。

②麦克利兰指出，成就需要是具有强烈事业心、进取心、并富有冒险精神的人，努力争取成功，并希望做得最好的一种需要；权力需要是具有强烈权力欲望的人希望影响和控制他人且不受他人控制的需要；亲和需要是希望建立友好亲密的人际关系的需要。转引自戴永良：《管理学》，北京：石油工业出版社 2001 年版。

国和当代中国青年赢得了巨大荣誉”。

社会组织的责任意识和乐善好施的博爱精神是社会组织志愿精神的集中体现。从社会组织的发生学角度来看,中国社会组织的生成发展路径与西方社会组织有所不同。中国的社会组织发生于改革初期中国知识精英的政治身份解放和责任意识的“二次觉醒”,学术研究类社会组织率先突破体制束缚和思想禁锢。据不完全统计,1978—1979 年恢复成立的各类学会、研究会和分科学会共有 327 家,其后的数年间每年新增都在 300 家以上,到 1987 年底,中国科协属下的全国性学会达 146 家,分科学会 1555 家,乡镇科协会近 5 万家,形成了遍布全国的学术性社团及群众性科普网络①。学术研究类社会组织的快速发展离不开中国知识分子忧国忧民的责任意识与担当精神,他们通过各种形式寻求官方支持以期建筑组织存在与发展的合法性基础,并通过个人影响与集体行动相互交错的方式融入国家现代化建设的主流进程之中。正如有学者指出:“责任将奉献在践行德性的利他性质上表现出的诸如美德、关怀、同情、善良等道德意念表达得更为淋漓尽致,并以此减少志愿服务中诸如‘有偿回报’等利己考量,最大限度地发挥志愿精神的公共向度”②。

发展社会主义政治文明,建设社会主义民主国家,是中国共产党治国理政的重要目标。中国社会组织是中国经济社会转型和民主政治改革发展的历史产物,社会组织既需要通过经济、效率与效能等方式推动和保障经济社会的健康发展以及国家民主政治体制改革的稳步推进,更需要在参与社会治理和社会服务中弘扬

①王名:《社会组织论纲》,北京:社会科学文献出版社 2013 年版,第 57 页。

②曾琰:“公共精神培育的逻辑路径和现实基点——志愿精神价值内涵及反思”,《当代青年研究》2012 年第 8 期,第 75-80 页。

和发展现代政治文明的基本价值——公益、公正和保障人权，而社会组织的志愿精神正是对现代政治文明基本价值的最好诠释。

"政治"与"文明"的分野只是到了近代才正式凸显，对"政治文明"的探讨需要回归"政治"本身。汉娜·阿伦特(Hannah Arendt)认为，以政治方式行事，就是"一切事情都必须通过言辞和劝解(即和平的方式)，而不是通过强力和暴力来决定"[①]。由此可见，政治之事只有通过协商、民主、平等、和平的方式实现妥善解决才是符合规范要求和公民意愿的，而这正是政治文明的本真所在。

党的十八大用24个字从国家、社会、个人三个层面提出倡导社会主义核心价值观的基本内容，这不仅全面反映了社会主义核心价值体系的丰富内涵与实践要求，更是对中国特色社会主义政治文明的高度凝练和集中概括。社会组织的志愿精神同社会主义核心价值观高度契合。一方面，两者共生于中华民族优秀传统文化之中，体现着中华民族同舟共济、无私奉献、自强不息、包容仁义的优秀品格；另一方面，志愿精神承载并充盈着社会主义核心价值理念：一是追求和谐共生。倡导人与他人、人与社会、人与自然、人与自我的和谐相处，促使个人在个体行为的自由选择与社会活动的秩序空间内寻求平衡点。二是追求社会平等。志愿服务致力于促进社区的发展、社会的进步以及社会成员自我发展能力的提高、基本公民权利的享有，维护社会公平正义和良性秩序。三是追求友善互助。社会弱势群体是社会组织的志愿服务的主要对象，通过志愿服务缓解社会弱势群体的燃眉之急，引发社会成员和官僚体系对社会底层群众的普遍关注。

---

①【德】汉娜·阿伦特：《公共领域和私人领域》，北京：三联书店1998年版，第60页。

三、在志愿服务中践行社会组织的文化责任

社会治理实践是培育和弘扬社会组织志愿精神的“活水源头”,并为社会组织志愿精神的培育奠定了坚实的社会基础、开辟了广阔的活动空间、提供了多种技术可能。社会治理本质上是客观的社会实践活动，它的客观性、现实性和创造使志愿精神由个体认知和道德规范升华为集体意识和集体行动，个体意识在与社会关系的相互建构中逐渐获得社会成员的普遍认同，最终蜕变为具有普遍影响力的公共精神和公共伦理。正如马克思所说:“人创造环境,同样,环境也创造人”[①]。

一方面，社会治理新理念为社会组织志愿精神的培育奠定社会基础。党的十八届三中全会首次将“治理”的概念同社会发展紧密结合起来,提出了“加快形成科学有效的社会治理体制”这一崭新表述，这是中国共产党立足当代中国社会建设实践，遵循中国共产党执政规律和社会发展规律基础之上作出的关于社会建设的重大理论创新。社会治理是指政府、社会组织、企事业单位、社区以及个人等诸行为者,通过平等的合作伙伴关系,依法对社会事务和社会生活进行规范和管理,最终实现公共利益最大化的过程[②]。由此可见，社会治理与社会管理的最显著区别在于：社会治理主体具有广泛性和多元化特点，它不仅涵盖了社会管理的重要主体——政府公共部门,同时还将社会组织、社区等非政府组织纳入社会治理体系之中，社会事务管理和社会公共服务在政府组织和

①中共中央编译局:《马克思恩格斯文集》(第 1 卷),北京:人民出版社 2009 年版,第 545 页。

②张小劲,于晓虹:《推进国家治理体系和治理能力现代化六讲》,北京:人民出版社 2014 年版,第 80 页。

社会组织的广泛参与下真正成为了"公共之事"、"公益之事"。"社会治理"理念的提出是"人类在寻求公正地解决公共生活问题上努力做出的一次深刻的尝试转折与突破",它"使政治学回到'以个人与公共事务关系为中轴'的正道上去[1]。在"治理话语"体系下,社会各级各类组织,无论其是否官方、规模大小、成员多寡、行业领域、资金多少,都是社会公共事务关系的积极构建者和维护者,享有平等、民主的协商对话权利与公共事务参与和监督权利。

社会治理对社会管理的重大超越和深刻变革所引发的连锁式影响,不仅表现在社会事务关系的构建模式与内在机制方面,更表现在公共伦理的塑造和传播方面。一个鲜活的例证和客观趋势摆在我们面前:社会组织志愿精神将逐渐与社会主义核心价值观为代表的主流社会思想融合交汇,它将以社会组织政治地位和社会地位的巩固和提升为契机,逐渐从社会组织的"母体"脱离出去,以公共精神和公共伦理的形式广泛传播并深刻影响政党的执政理念和政府公共部门的行政理念。党的十八大提出建设"服务型政党"正是志愿精神升华为政党理念的典例。一方面,以"奉献、友爱、互助、进步"为核心内容的志愿精神同中国共产党"全心全意为人民服务"的执政宗旨高度一致,两者完整地贯彻了"以人为本"的价值原则;另一方面,社会组织在社会治理实践中形成的志愿精神获得执政党的价值认可和积极回应,志愿精神的公共性和可复制性为服务型政党理念的提出提供了可能。

另一方面,社会治理实践模式为社会组织志愿精神的培育提供多种可能。社会治理实践模式即通过何种方式和手段进行社会治理,是在工具理性层面探讨实现社会善治目标的路径和方法问

①张凤阳等:《政治哲学关键词》,南京:江苏人民出版社 2014 年版,第 314 页。

题。一般而言,社会治理实践模式分为自治、共治和法治三种,它们摒弃了传统社会条件下神治和人治的治理方式,更多强调社会主体的自主性和合作性。社会治理三种实践模式对社会组织志愿精神的培育同样提供了不同思路。

首先,关于自治与社会组织志愿精神的培育。党的十八届三中全会提出要"支持和发展志愿服务组织",志愿服务类组织是志愿精神表现得最集中、诠释得最生动的社会组织。1993 年以来,我国志愿者组织快速发展。截至 2007 年底,全国已有 35 个省级志愿者协会,高校还成立了 2000 多个志愿者协会,加上一大批志愿者服务站、服务队、基地、爱心组织,形成了完善的志愿服务体系①。在社会自治模式下推进社会组织志愿精神的培育就是鼓励支持志愿服务组织健康发展,强化志愿服务组织的服务意识和公益意识,使志愿服务组织成为公共产品供给主体的有益补充和社会财富再分配的平衡器。

其次,关于共治与社会组织志愿精神的培育。如前所述,社会组织志愿精神具有责任伦理的意蕴,责任意识是社会组织参与社会治理的深层次动因。在共治模式下推进社会组织志愿精神的培育,就是要使社会组织积极而主动地参与到社会公共事务之中,党和政府要通过对口协商、专题协商等协商民主机制,倾听社会组织对社会建设的意见和建议,鼓励社会组织利用其人才优势、技术优势、行业优势和知识优势参与公共议程设计与实施。

再次,关于法治与社会组织志愿精神的培育。法律作为社会治理工具在社会生活中具有至高无上的地位,一切政党、团体和社会组织都要在宪法和法律规定的范围内活动。在法治模式下推进

①张耀灿:"关于弘扬志愿精神的几个问题",《思想政治教育研究》2011 年第 5 期,第 1—4 页。

社会组织志愿精神的培育就是要用法律形式对志愿精神和志愿服务活动进行确认。国家民政部在《中国慈善事业发展指导纲要(2011—2015)》提出:“推动出台慈善事业法、社会募捐管理条例、志愿服务条例等法律法规,推进社会团体管理条例、民办非企业单位管理条例、基金会管理条例等法规的修订与实施,鼓励各地积极出台促进慈善事业发展的地方法规政策,形成有利于慈善事业发展的多层次的法规政策体系”。[①]这是对我国志愿服务组织和志愿精神的合法性确认。

通过前文的论述,我们可以得出如下两个结论:(1)社会组织志愿精神在不同话语体系中具有多种解释路径和意义体系,这也是志愿精神对于个人、社会组织乃至国家何以重要的根本原因;(2)社会治理实践为社会组织志愿精神的培育和传播奠定了社会基础,提供了广阔空间和多种方法。然而,基于上述理论事实的判断,我们能否就直接得出社会组织志愿精神可以原封不动地植入于社会治理主体的相对独立的文化价值体系之中,甚至成为社会治理实践的文化袖标和价值尺度?答案显然是否定的。对此,我们需要警惕社会组织志愿精神的盲目扩大化趋势,将志愿精神的培育和传播规定在一定的限度范围内,使其真正成为引领社会发展进步和社会组织健康成长的精神动力。

第一,社会组织志愿精神是社会组织提供公共产品和服务的价值体现,而社会组织公共服务职能的赋予是以弥补“政府失灵”为前提的,因此社会组织志愿精神具有“边界”特征。在市场经济体制下,市场在资源配置中起决定性作用,市场监管和公共服务是政府部门的主要职能。这就决定了在资本自由流动和市场主体

①参见《中国慈善事业发展指导纲要(2011-2015)》:http://www.gov.cn/gzdt/2011-07/15/content_1907330.htm

自由竞争的环境下，政府部门不再是市场的领导者和驾驭者，政府行政活动要遵循市场经济规律和资本流动规律，把应由市场机制决定的事项交由市场决定。政府的主要精力应该集中于如何更好地提供产品和公共服务。然而，市场经济的盲目性和滞后性以及某些基层政府的“不作为”和“乱作为”行为进一步加剧了社会底层群众的经济负担和心理压力，贫富差距的持续扩大和城市弱势群体基本权利难以得到切实保障，迫使政府重新反思其行政行为。此时，以帮扶弱势群体为任务的社会组织的出现，对于有效化解社会底层群众消极不满情绪，控制由“政府失灵”积蓄而生的社会不稳定因素具有积极作用。这些社会组织的活动对象和活动范围具有指向性和规定性，因而社会组织在社会服务中生成的志愿精神也具有一定的指向性和规定性，“这就容易出现志愿活动中的特殊主义，降低志愿服务的覆盖率”[①]。由此论之，社会组织的志愿精神只有在社会治理实践的某些环节、某些领域和某些对象中才能彰显其应有的公共伦理品质，而这正是志愿精神不能同公共精神混为一谈的重要原因。

第二，中国社会组织的志愿精神有其自身的生成逻辑，它与西方国家社会组织倡导的博爱精神有着根本区别。西方社会组织及其志愿精神生成于个人主义盛行的文化胚胎之中，社会财富的占有者和生产资料的所有者，或是出于宗教信仰、或是出于利益需要割舍出十分有限的资源帮助弱势群体，其目的在于通过二次分配维护社会稳定，进而为个人财富的积累营造相对稳定的社会环境。反观之，中国的社会组织生成于改革开放后中国共产党对社

①祝灵君：“志愿者组织、志愿精神与政党领导”，《中共中央党校学报》2005年第3期，第42—47页。

会治理体制的艰辛探索历程中,中国社会组织在同政府公共部门和企业的激烈竞争与博弈中走向成熟。与此相伴随,中国执政党和政府也逐渐认识到社会组织是推动国家治理体系现代化的一支重要力量,并通过政策扶持、财税改革、法制建设、人才培养和理论研究等方式对社会组织积极引导。中国社会组织的生成逻辑具有鲜明的中国特色和时代特色,因此,依附于社会组织的志愿精神也深深烙印着当代中国的社会痕迹和时代痕迹,它与社会主义的核心价值观高度关联。正如有学者所说:"作为中国经济和社会发展到一定阶段兴起的志愿精神,蕴含着特定的文化表达功能,反映了社会成员对高层次需求的目标追求,彰显了社会成员公共服务意识的自主表现,体现了社会成员对价值合理性的追求,表达了社会成员对人本化生活的向往,成为社会成员实现社会参与的一种具有普遍意义的基本方式"[①]。

第三,社会治理实践的现实驱动要求社会组织的志愿精神回归"本真"面貌。不可否认,在利益主导和个人主义的影响和驱使下,社会组织的志愿精神也会出现不同程度的"异化"现象。本应是以维护公共利益、化解社会矛盾、推动社会和谐为出发点的志愿精神被利己主义所缠绕,"因为服务他人,所以可能获得他人更多的服务" 成为一部分社会组织及其成员集体行动的逻辑假设,物化逻辑和个人主义遮盖了志愿精神的本真面貌。社会治理以维护社会公共利益为指向,"它是使相互冲突的或不同的利益得以调和并且采取联合行动的持续的过程"[②]。可以说,人类发展的核

①彦睿:"志愿精神的文化渊源与现代价值",《思想理论教育》2013 年第 8 期,第 44—49 页。

②俞可平:《全球化:全球治理》,北京:社会科学文献出版社 2003 年版,第 3 页。

心和决定性衡量尺度，仍然是人类的公共利益问题。以物化逻辑和个人主义取代志愿精神公共性的本真面貌，不仅是对志愿精神本身的严重歪曲，更对社会组织及其成员的发展与成长造成不利影响，近年来被媒体相继曝光的社会团体通过高额收费方式向公众出售所谓的“荣誉”、“资格”，极大损害了社会组织的社会公信力，这些社会组织不再将注意力聚焦在社会福利的增长之上，反而通过设立一系列名目为自己招敛钱财。正如查尔斯(Charles Taylor)等人指出：“目标的丧失是与一种狭隘化相联系的。人们因为只顾他们的个人生活而失去了更为广阔的视野……个人主义的黑暗是以自我为中心，这使我们的生活既平庸又狭窄，使我们的生活更缺乏意义，更缺少对他人及社会的关心”[①]，反而把自己对荣誉和财富的向往堂而皇之地展现出来。

综上所述，文化责任是社会组织为满足经济社会发展的现实需要和国家治理体系与治理能力现代化的的迫切要求的整体过程中，自觉生成的对先进文化、公益精神、核心价值和公共伦理的美好诉求与价值向往。社会主义核心价值观是社会组织文化责任的核心内容，也是培育和壮大当代中国公民社会的精神支撑。社会组织与社会主义核心价值观在价值文化层面高度契合，并在社会主义核心价值观大众化实践转化中起基础性作用，因此，要积极鼓励并引导社会组织健康发展，以现代化思维推进社会治理体系的深度变革，着力提高社会组织的公共服务水平，社会组织要切实履行培育和传播社会主义核心价值观的职能。践行和传播志愿精神也是社会组织文化责任的另一个重要方面，社会治理理念为

①【加】查尔斯·泰勒：《现代性之隐忧》，程炼译，北京：中央编译出版社 2001 年版，第 4—5 页。

社会组织志愿精神的培育奠定了社会基础，同时也为社会组织志愿精神的传播提供了多种可能。社会组织志愿精神要坚持理性传播、科学传播原则，警惕志愿精神的意识形态化倾向，使其真正成为引领社会发展进步和社会组织健康成长的精神动力。

第五章　社会组织的国际责任

国际政治多极化和全球经济一体化趋势不可逆转。在全球化浪潮的冲击下，我们不约而同地感受到：在物理边界上，世界各国个人的沟通交流的空间障碍和技术瓶颈日益缩小，在此时此地与在彼时彼地的另一国家人民进行信息传递变得轻而易举；在文化边界上，世界多元文化交织、交融、交互、交锋，多元文化的兴起及其全球范围内的广泛传播使“地球村”色彩斑斓、丰富多彩。可以说，全球化时代是一个放开的时代，文化价值、生产资料、金融资本、人力资源在世界范围内充分流动；全球化时代是一个包容的时代，不同民族、不同性别、不同肤色、不同宗教信仰的人们在利益最大化的驱使下，变对抗为合作，变冲突为协商；全球化时代是一个互利共赢的时代，各类国际关系主体，无论是个人、政府、社会组织都广泛地参与到全球治理和国际关系调和实践中，“和平、发展、合作、共赢”是当前世界发展的主题。在全球化背景下，社会组织如何更好地参与国际关系治理，如何更好地履行全球责任，如何更好地与世界其他国家和社会组织展开交流协作，成为摆在中国社会组织发展进程中不可回避的重大问题，这也是本章所要探讨的主题。

第一节　社会组织履行国际责任的必要性

关于责任与社会责任，本书在前文中已经作了大篇幅的论述和阐释，在此不再赘述。这里需要指出的是，社会组织的国际责任是社会组织社会责任的重要构成，同时也是社会组织参与国际关系治理和国际竞争的重要理论前提，更是中国社会组织实现自身国际化发展战略目标的重要价值根基。换言之，只有充分参与国家关系治理，充分参加国家事务管理和合作，拓展公共事务服务的国际视野和国际交往合作渠道，中国社会组织国际化的发展战略方能实现。

一、国际责任的理论基础与文化渊源

参与国际治理，履行国际责任，承担国际义务，展现大国情怀，是党的新一届中央领导集体开展对外事务的鲜明特点。党的十八届三中全会审议通过的《中共中央关于全面深化改革若干重大问题的决定》指出："适应经济全球化新趋势，必须推动对内对外开放相互促进、引进来和走出去更好结合，促进国际国内要素有序自由流动、资源高效配置、市场深度融合，加快培育参与和引领国际经济合作竞争新优势，以开放促改革"。经济全球化趋势为中国社会组织更广泛地参与到市场竞争、资源竞争、人才竞争提供了难得历史机遇。在此背景下，中国社会组织在自身发展的同时，更应关注自身与外界的联系，强化"命运共同体"意识。正如习近平主席在博鳌亚洲论坛 2013 年年会上发表的主旨演讲指出：

“我们生活在同一个地球村，应该牢固树立命运共同体意识，顺应时代潮流，把握正确方向，坚持同舟共济”①。社会组织的国际责任是一个实践命题，更是一个理论命题和文化命题。社会组织的国际责任充分体现在中华传统文化中的当代精神与责任意识，充分体现在中国社会主义现代化建设实践和社会组织国际交往实践，充分体现在中华民族文化体系的开放性和包容性之中。可以说，社会组织的国际责任体现厚重的文化底蕴、丰富的实践内涵、鲜明的时代特点和独特的中国风格。

第一，国际责任是一个伦理范畴，更是一种文化情怀和国际胸襟。中国有句古语“海内存知己、天涯若比邻”②，“己所欲而立人，己所达而达人”③。中华民族拥有5000多年连绵不绝的灿烂文明和优秀文化，中国古代智者就十分强调“协作、共赢、发展、包容”在治国理政和社会伦理塑造中的建设性作用。中华民族历来崇尚“合和”发展，推崇国家之间、社会之间、公民之间的和谐共处、和睦共处、和平共处。履行国际责任本质上是担当精神和使命意识的集中体现。中华民族历经磨难、饱受沧桑，之所以文化能连绵不绝、民族能绵延不息、国家能日益昌盛，其中一个重要原因就是中国民族始终把家国意识、天下意识、忧患意识视为本民族的民族精神和民族特质，并在此基础上形成了开放包容、相互借鉴、谦逊好学的民族品格。“穷则独善其身，达则兼济天下”④，“天下兴亡，匹夫有责”⑤。正是秉承着这样一种博大精深和宽广胸襟，中华民

①习近平：《共同创造亚洲和世界的美好未来——在博鳌亚洲论坛2013年年会上的主旨演讲》，《人民日报》2013年4月8日。

②《王子安集》。

③《论语·雍也》。

④《孟子·尽心上》。

⑤《日知录·正始》。

族才能在激烈的国际竞争中抢占国家发展的重要战略机遇期，保持国家发展的战略定力，彰显大国风范，履行大国责任。

回顾中国历史特别是中国近现代史，我们有一个共同的感觉：国际责任、国家责任和个人责任都是交织在一起的，它们之间没有明晰的界限，但却以共同的价值追求为支撑。个人责任寓于社会责任、国家责任和国际责任之中，个人在与社会和国家的交往互动中把人生的全部意义充分展开并呈现出来，个人与国家在责任实践中高度统一并融为一体。需要指出的是，中国传统文化和古老文明在1840年鸦片战争之后发生巨大撕裂和现代性质疑，与此伴随，中华民族在对国际援助、国际责任的认知和理解上也发生激烈震荡。当代中国社会有关“国际责任”的一系列理念、价值、意义、标准、行为规范等总体上形成于20世纪后期，中华民族在追求现代化复兴的历史进程之中。其中，也渗透着中华民族对国际责任特定的理解和认知。毛泽东对此有过一段重要的论述，他在《纪念白求恩》一文中指出：“现在大家纪念他，可见他的精神感人之深。我们大家要学习他毫无自私自利之心的精神。从这点出发，就可以变为大有利于人民的人。一个人能力有大小，但只要有这点精神，就是一个高尚的人，一个纯粹的人，一个有道德的人，一个脱离了低级趣味的人，一个有益于人民的人”。白求恩的事迹就是个人的人生价值与国际主义精神高度统一的生动体现，就是一种文化情怀和世界胸襟。

第二，国际责任是一个实践范畴，具有丰富的实践内涵和价值意蕴。实践是我们把握主体与客体关系的重要维度，马克思在《关于费尔巴哈的提纲》一文中指出：“社会生活在本质上是实践的。凡是把理论导向神秘主义方向去的神秘东西，都能在人的实践中以及在这个实践的理解中得到合理的解决”。也就是说，社会实践构成了社会生活的全部意义和完整图景，缺乏实践支撑的生活，或者把是生活引向神秘主义的东西，都是实践缺失的表现。国际责任亦是如此，与其夸夸其谈，反复修饰装扮，倒不如脚踏实地地履行国际义务和国际责任，把实实在在的利益和实惠分享给世界民众。

中国作为国际社会中一个负责任的大国，正在并将长期履行与本国国情国力相适应的国际义务和国际责任。2014 年 7 月，国务院新闻办发布的《中国对外援助（2014）》白皮书对 2010 年以来中国政府对外援助情况作一介绍。白皮书指出："中国是世界上最大的发展中国家。在发展进程中，中国坚持把中国人民的利益同各国人民的共同利益集合起来，在南南合作框架下向其他发展中国家提供力所能及的援助，支持和帮助发展中国家特别是最不发达国家减少贫困、改善民生。中国以积极的姿态参与国际发展合作，发挥出建设性作用"①。以对非援助为例，中国对非洲的援助肇始于 20 世纪中叶，那时新中国刚刚成立，社会主义建设事业百废待兴，国民经济亟待恢复和振兴，在此背景下，中国政府毅然向非洲人民伸出援手。对非援助作为新中国对外关系的重要组成部分，是以相互支持、平等相待为原则进行的，不带有任何政治偏见和政治附加条件。中国对非援助事业是发展中国家互利共赢的典范，是大国履行国际责任的标杆。可以说，中国对非援助丝毫没有停歇、没有止步。中国对非的援助是全方位的，真心实意的。据统计，2010 ~ 2012 年，中国共向 121 个国家提供了援助，其中非洲地区就有 51 个国家，此外，中国政府还向非洲联盟等区域组织提供了援助。

①国务院新闻办公室：《中国的对外援助（2014）》，北京：人民出版社 2014 年版，第 1 页。

第三，国际责任是一个时代范畴，彰显时代特征和大国风范。在不同的历史语境和时代主题下，"国际责任"被赋予了不同的意义。特别是在实现中华民族伟大复兴中国梦的征程中，全面深刻理解并把握国际责任的时代属性，对于正确定位中国政府的国际地位，正确看待中国履行国际责任的具体政策与实践具有重要意义。在全球化时代背景下，国际责任不再是简单的"施以小惠"、"调剂有无"，而是要在更大范围内履行国际义务。"国际义务主要是指国际法主体在国际交往中，依据国际法各种渊源的规定所应遵循的法律义务。遵守国际义务是传统国际法中的一项重要原则。《联合国宪章》、《维也纳条约法公约》、《国际法原则宣言》及《联合国海洋法公约》等都重申了这样一个原则：违背国际义务就必然引起国际责任"[①]。具体来说，包括在推动世界经济增长与减少贫困，实施国际人道主义救援，提供国际公共产品，及在世界和平建设、安全治理、应对气候变化及环境生态保护等领域[②]。可见，国际义务的覆盖面涉及政治、经济、文化、生态等各个领域，特别是在非传统安全背景下，加强国家之间、国际组织之间的协同合作，共同致力于建设持久和平、共同繁荣的和谐世界。

习近平主席指出，"我们的事业是同世界各国合作共赢的事业，建立以合作共赢为核心的新型国际关系，是我们党立足时代发展潮流和我国根本利益作出的战略抉择，反映了中国人民和世界人民的共同心愿。面对国际形势的深刻变化和世界各国同舟共济的客观要求，各国应该共同推动建立以合作共赢为核心的新型

①朱丹："论国际义务与国家责任的援引"，《安徽大学法律评论》2008 年第 2 期，第 223—231 页。

②刘鸿武、罗建波：《中非发展合作：理论、战略与政策研究》，北京：中国社会科学出版社 2011 年版，第 5 页。

国际关系,各国人民应该一起来维护世界和平、促进共同发展”①。

需要指出的是,当前西方国家一些人鼓吹“中国责任论”、“中国威胁论”、“中国崩溃论”等奇谈怪论,他们企图对走向复兴之路的中国施加外交压力,迫使中国为西方国家的“烂账”买单。有学者指出:“揭开盖在‘中国责任论’上的粉饰的面纱,可以清楚地看出中国责任论的实质:潜台词——中国是个‘不负责任’的国家。大背景——国际形势处于错综复杂的变化中,美国内外面临不少问题,世界霸主地位受到多种挑战;中国崛起是无法阻挡的客观事实,已经影响到世界的现在与未来,但‘难以预料中国将如何运用其力量’。新对策——鉴于旧的冷战模式难再有效地应对迅速发展起来的中国,需要变换对策,‘中国责任论’应运而生。新对策的基本思路是:鼓励和促进中国融入现行国际体系,以国际体系约束规范中国,并诱压中国承担维护和发展国际体系的责任”②。对此,我们必须保持清醒头脑,既不能妄自菲薄、自以为是;也不能默默无闻、不予置喙。我们要积极承担与中国国情国力和国际义务相一致的国际责任,与那些符合世界人民共同利益的国际力量展开交流合作,共同维护世界和平稳定与发展。

二、社会组织国际责任的内涵

那么,社会组织的国际责任有哪些分类?社会组织国际责任构建的内在逻辑是怎样的?这都是我们需要认真探讨并加以解决的问题。

---

①中共中央宣传部:《习近平总书记系列重要讲话读本》,北京:学习出版社2014年版,第146页。

②马振岗:“中国的责任与‘中国责任论’”,《国际问题研究》2007年第3期,第1—4页。

第一，国际责任的内涵阐释。关于“国际责任”的研究是国际关系研究、外交学研究的一个重要话题，学界对此进行了大量富有成效的探讨和研究，取得一定成果。

有学者指出：“国际责任经历了从无视主权到强调主权和国家独立，又从强调主权到强调人权和保护责任的变化。起初的‘国家责任’和‘国际责任’仅指外国侨民受到损害时所引起的国家责任，即由于国家机关未能履行国家的国际义务，在其领土内造成外国人的人身或财产的损害而引起该国的国际责任。在后来联合国国际法委员会起草的《国家责任的条文草案》中，这一内容已经发生了变化，一国对于对外侵略、实行殖民统治、种族灭绝、种族隔离等国际罪行，都需要承担国际责任”①。

也有学者从维护国际体系的稳定的角度出发，认为大国之所以成为大国就是因为它们承担了其负有的特殊国际责任，他认为大国有义务去促进国际平等、维护秩序和维护均势等等。在他们看来，仅有硬实力的强大，如纳粹德国或拿破仑时期的法国那样，还不能称为真正意义上的大国。大国在国际社会中负有特殊的责任，是与其在国际社会中的重要性相称的，“所有国家都认为秩序最终是优先于正义的”，因此“大国必须努力避免采取引人注目的破坏秩序的行为”②。

还有学者强调，对西方国家提出的“国家责任论”学说，我们应该客观准确地把握其意图与内涵，他指出：“西方责任论的客观性和合理性并不等于完全的一律性、公正性和必要性。因此，责任论

---

①李东燕：“从国际责任的认定与特征看中国的国际责任”，《现代国际关系》2011 年第 8 期，第 52—57 页。

②【英】赫德利·布尔：《无政府社会：世界政治秩序研究》，张小明译，北京：世界知识出版社 2003 年版，第 160—183 页。

是在先验性地认定中国与西方国家内在价值观、外交政策与行动的主要依靠力量、对外行事风格、国家力量水平等要素趋同的前提下提出的笼统性概念”[①]。通过以上的论述和分析，我们可以推论出关于国际责任的一般共识：

一方面，对国际责任的理解受到国家类型及其国际利益立场的影响。以对“中国的国际责任”理解为例：西方发达国家或国家集团的“中国责任论”是冷战结束以来相继出现的“中国不确定论”、“中国崩溃论”的一种较为理性的变种，其主旨在于借助中国不断增强的国家实力、国际地位和国际影响，维持其占据主导地位的国际秩序。按照这种“中国责任论”，美国、欧盟和日本要求中国在政治上照搬西方民主模式，在经济上充分开放国内市场，在安全防务上，增加军事透明度等等，在对外政策上，中国要与西方国家合作对付“问题国家”。可见，西方国家的“中国责任论”是一种强权逻辑与不合理的要求，而印度、巴西、南非等主要发展中大国则希望携手中国，借助新兴经济体不断增强的经济力量，塑造一种新的国际政治经济秩序。其他发展中国家则期望中国在国际社会中代表和增进其政治经济利益，增加对他们的发展援助，扩大对外投资，促进其共同发展。[②]

另一方面，国际责任应与国家地位、国家力量相匹配。国家力量决定了其在国际关系中的政治经济地位，国家力量和国家地位是履行国际责任的重要基础。以中国参与全球气候变化谈判为例。2011 年联合国德班气候大会建立德班平台特设小组（ADP），

---

①刘鸣：“中国国际责任论评析”，《毛泽东邓小平理论研究》2008 年第 1 期，第 50—56 页。

②周桂银：“中国崛起过程中的国际责任”，《江海学刊》2009 年第 5 期，第 170—174 页。

启动2020年后国际气候机制谈判。谈判启动以来,世界各国及国际组织围绕自身利益和实际履行责任的能力,分别对气候条约提出不同的意见、建议和主张。欧盟明确表示:《公约》下的议定书是2020年后国际气候条约最为高效的法律形式,并且采取公约第17条使其获得通过。不仅如此,2020年后国际气候机制还应包括一系列确保2020年后国际气候条约执行以及推行现有气候机制有效运作的大会决定。伞形集团国家提出德班平台谈判的结果应达成一项涵盖所有缔约方的全新、单一和有法律约束力的新条约,但集团主要成员立场仍存在分歧。七十七国集团和中国均强调未来的国际气候条约应处于《公约》框架之下,而对其具体法律性质,该集团的成员国因国情和利益的不同而差异很大①。

那么,什么是社会组织的国际责任呢?笔者认为,所谓社会组织的国际责任是指社会组织在实现组织功能和愿景过程中,对国际社会在经济、政治、安全、道义等方面所应承担的国际义务和所作出的贡献。具体包括社会组织对国际不法行为的责任,社会组织履行国际公约的责任,社会组织履行国际职权的国际责任,社会组织基于国际道义、国际价值原则和国际共同利益的责任。社会组织的国际责任因社会组织的属性、功能、规模有所不同,换言之,不是任何社会组织都有履行国际责任的义务。对此,我们可以从两个维度来阐释:

一方面,国际性、区域性的社会组织是履行国际责任的重要主体。国际性、区域性社会组织联系成员广泛,组织职能和目标十分明确,对于推动区域治理、科技文化融合、经济协作具有重要作用。例如联合国教科文组织,该组织是联合国旗下的专门机构之

①高小升:"国际政治多极格局下的气候谈判",《教学与研究》2014年第4期,第52—60页。

一，其宗旨是促进教育、科学及文化方面的国际合作，以利于各国人民之间的相互了解，维护世界和平。联合国教科文组织长期致力于世界各国的文化交流，促进世界文化遗产的发掘、保护和利用，推动不同国家、地区之间的文明对话。联合国教科文组织不仅在全球层面通过了许多《宣言》、制定行动计划和开展文明对话活动，它也致力于推动不同国家、地区之间的文明对话活动。这些文明对话活动都围绕着文化多样化的主题，致力于促进不同文明之间的和谐共处、相互学习。

2002 年 9 月，联合国教科文组织在土耳其伊斯坦布尔举行了第三次国际文化部长圆桌会议。会议的主题是："非物质文化遗产——文化多样性的体现"。会议期间，代表们围绕非物质文化遗产的范围及面临的威胁、文化多样性与可持续性发展的关系、建立保护非文化遗产的国内制度、加强国际合作等问题开展热烈讨论。各成员国经过充分协商，通过了保护非物质文化遗产的《伊斯坦布尔宣言》，《宣言》重申了非物质文化遗产的重要性及加强非物质遗产保护的紧迫性，呼吁各国尽快制定保护非物质文化遗产的政策和法规，加强国际的交流和协作[①]。

另一方面，国际责任的具体化、专业化要求专业性社会组织在履行国际责任中发挥更大作用。专业性社会组织一般是非经济类的，主要由专业人员组成或以专业技术、专业资金为从事某项事业而成立的团体。伴随社会劳动分工的日益细化，社会组织从事社会服务的专业化要求也显著提高，专业化发展与职业化建设已经成为社会组织发展的大势所趋。

以中国国际救援队为例，2000 年国务院和中央军委批准成立

①http://www.ccnt.com.cn/news/shownews.php?id=1032749253

中国国际救援队,中国国际救援队的专业化建设体现在三个方面:一是拥有一支技术全面、训练有素的医疗专业救援人员;二是医务人员全程参与灾害现场搜索、营救、医疗“三位一体”的救治;三是灾害现场必须有现代化的流动医院[①]。中国国际救援队的专业化建设为其更为广泛地参与国际救援活动提供了坚实的技术支撑,赢得了良好的国际口碑。据不完全统计,“救援队组建至今,先后成功地参加了 2003 年 2 月 24 日新疆巴楚 - 喀什地震救援、2005 年 5 月 23 日阿尔及利亚地震救援、2004 年 12 月 26 日印度洋地震海啸救援和联合国灾害评估和协调队工作、2005 年 10 月 8 日巴基斯坦地震救援、2006 年 5 月 29 日印度尼西亚日惹地震救援”[②]。中国国际救援队的专业化救援行动和出色表现赢得了国际社会的普遍赞誉,为中国政府更好地开展外交工作,增进同世界各国人民的友好情谊做出了重要贡献。

第二,关于社会组织国际责任的分类。社会组织国际责任的分类可以依据不同的标准划分为不同类型。浙江师范大学非洲研究院院长刘鸿武在《中国对外援助与国际责任的战略研究》一书中从层次性、态度性质和哲学意义三个维度对国际责任进行了分类[③]。笔者认为,此书关于国际责任的分类具有一定借鉴价值和参考意义。

从国际责任的层次来看,国际责任可以分为基础责任、有限责任与领袖责任。周鑫宇认为:“在现代民族国家体系下,国家的国际责任就是国家在某一国际体系中担负的对外义务。这种义务至

①郑静晨,樊毫军等:“从中国国际救援队建设谈救援事业的发展”,《中国工程科学》2011 年第 8 期,第 59—61 页。

②王志秋,刘向阳等:“中国国际救援队建设的思考”,《中国应急救援》2008 年第 2 期,第 8—11 页。

③刘鸿武,黄梅波:《中国对外援助与国际责任的战略研究》,北京:中国社会科学出版社 2013 年版,第 59—60 页。

少分为三个层次:遵从国际规范的责任、维护国际规范的责任和革新国际规范的责任。这三类责任对于不同国家来说意义不同,可分为'基础责任'、'有限责任'和领袖责任"①。

从责任主体的态度性质来看，可以分为积极性责任与消极性责任:积极性责任在于国际主体要主动地积极地做某事以达成目的的责任;消极性责任在于国际主体要承担的避免做某事,以防止某种行为和事态发生的责任。

从责任的哲学意义来看，国际责任可以分为事后责任与事前责任。事后责任是作为某一过去行为"负责"的责任,而事前责任则是作为将来关心某人某事的道德性或法律性义务的责任。"作为一种义务，事前责任有自己的相关条件和标准……一个基本条件是,必须具备实现道德行为所必需的能力,这些能力包括智力、信息、自由和心理健康等许多方面……事前责任的另一个基本条件是，符合愿望的事态作为事前责任归因的对象是'值得努力的',也就是说事态是有价值的"②。

第二节　对外援助:中国社会组织履行国际责任的重要路径

在全球化时代背景下,国家与国家、组织与组织、个人与个人

①周鑫宇:"中国国际责任的层次分析",《国际论坛》2011 年第 6 期，第 6—11 页。

②【德】底特·本巴赫尔:"责任的哲学基础",易小名、聂文军译,《齐鲁学刊》2005 年第 4 期,第 187—133 页。

的关系前所未有的密切和关联。这种关联把世界各国家、各地区的人民编织在一张共同的关系网络之中。在这张网络中，世界围绕共同利益构成“命运共同体”。世界政治经济版图不再是一国主导、一强主导，而是民主协商、共同发展。维护世界和平稳定、增进世界各国人民福祉、减少贫困、保护生态成为全球化背景下世界各国的公共责任。“我们生活的时代，是一个高扬公民权和人权的时代，更是一个构建和实现公共责任的时代”[①]。

对外援助是中国社会组织履行国际责任的重要途径。新中国成立以来，中国对外援助事业取得长足发展和重大成就。中国国际地位和国际影响力的大幅提升为中国更广泛地参与国际政治经济协作和国际援助事业奠定了重要基础。目前国内所使用的对外援助一词可以从广义和狭义上进行理解，从广义而言可以分为对外军事援助和对外经济援助，狭义上的对外援助主要是指经济援助。20世纪六七十年代广大亚非拉国家逐步从殖民者手中独立，但由于缺乏重建和发展资金，使这些国家矛盾重重，在这种情况下中国无私地为这些国家提供最大限度的经济援助。尤其是70年代末以来，和平与发展成为当今世界的主旋律，因此相对于军事援助，中国对于广大亚非拉国家进行的经济援助更值得关注，同时这也是目前世界范围内研究国际援助的主要内容[②]。根据《中国对外援助白皮书(2014)》关于我国对外援助方式的说明，目前中国对外援助方式主要包括援建成套项目、提供一般物资、开展技术合作和人力资源开发合作、派遣援外医疗队和志愿者、提供

①张凤阳:《政治哲学关键词》,南京:江苏人民出版社2014年版,第204页。

②曹俊金:“中国开展对外援助若干基本问题研究”,《北华大学学报(社科版)》2013年第5期,第97—100页。

紧急人道主义援助以及减免受援国债务等[①]。

一、社会组织对外援助的意义

关于对外援助的理论研究，国内外学界进行了长期而热烈的讨论，形成了一定的研究成果和研究规模。梳理国内外学界关于对外援助的理论基础，从学理层面探讨社会组织对外援助的理论基础、内在动因、理论逻辑，有助于深刻理解和把握社会组织对外援助的现实意义和当代价值。

第一，“超国家发展”理论。社会组织是从事对外援助的重要国际关系主体，他们与主权国家从事对外援助活动的出发点有着较为显著的差异。具体而言，社会组织在从事对外援助活动中秉承着“世界一家亲”、“世界大团结”的理念，而主权国家开展对外援助的背后必然隐藏着国家利益的逻辑。正如有学者所说：国家利益“首先在保障国家主权和安全的前提下，在对外战略中最大程度地争取有利于本国的利益和权利，并且也承担国际社会中相应的责任和义务”[②]。

当前，各类社会组织在对外援助事业中扮演重要角色，各种国际多边发展银行和组织，如世界银行、联合国体系和欧洲联盟都由于自有资源而成为外援领域里的强大力量。跨国性的 NGO 组织更是依靠其专业化、系统化的组织优势，在全球环境保护、维护人权、实现人类社会的可持续发展、缩小南北差距等方面开展了大量

①国务院新闻办公室：《中国的对外援助（2014）》，北京：人民出版社 2014 年版，第 5 页。

②刘薇，程鹏翔：“试论国家利益的内涵与特征”，《扬州大学学报（人文社会科学版）》2014 年第 2 期，第 17—22 页。

活动，其作用逐渐得到国际社会的普遍认可[①]。正是基于社会组织在国际治理实践中的出色表现，学界通过整合形成了“超国家发展”理论。该理论认为，多边机构和社会组织的资金来源于各个成员国，这些成员国就将本国对外援助的预期和发展理念与模式带到多边组织之中。“总之，国际多边组织倾向于以一种乐观和渐进主义的理念进行发展工作，这种乐观主义的背后是对发达国家发展道路的充分认识和基本肯定”[②]。

第二，“国际经济合作”理论。对我国学者而言，国际经济合作理论是研究对外援助的重要维度，这是因为中国对外援助以经济合作与经济服务为主。习近平指出：“经济全球化背景下各经济体一荣俱荣、一损俱损，应该争取宏观经济政策协调，放大正面联动效应，防止和减少负面外溢效应。我们要秉承开放包容、合作共赢精神，不能互相踩脚，甚至相互抵消”[③]。也就是说，经济全球化为世界各国、各地区和各社会组织之间加快推进生产要素、金融要素、市场要素的合理流动提供了重要机遇，世界各国、各地区和各社会组织要抢抓重要战略机遇期，加强经济协作和经济往来，在全球经济一体化进程中不断增强参与国际经济竞争的能力，不断增强审视和判断经济走向和经济预期的能力，不断提高对外开放的广度和深度。正如有学者强调：“改革开放以后，我国政府确立了以经济建设为中心的战略，外交工作也从过去的‘经济为外交服务’向‘外交为经济服务’转变。我国政府提出经济发展要着眼

①邓国胜等：《中国民间组织国际化战略与路径》，北京：中国社会科学出版社 2014 年版，第 5 页。

②周弘：“对外援助与现代国际关系”，《欧洲》2002 年第 3 期，第 1—12 页。

③习近平：《在亚太经合组织第二十一次领导人非正式会议上的讲话》，《人民日报》2013 年 10 月 7 日。

于国内国外两种资源、国内国外两个市场，要求对外援助不仅要促进援助国的经济发展，而且也要服务于中国的经济建设和改革开放”[①]。此外，对外援助的理想主义学派也主张通过加强经济协作，满足不发达国家人民的基本需求和促进不发达国家经济发展和社会进步，以此维护世界公平正义，“在对象上，扩大对更需要援助的低收入国家的发展援助；在类型方面，反对军事援助，倡导有助于发展的经济技术援助；在援助途径上增加多边援助的比重，减少更容易受援助国利益驱动的双边援助；在援助的构成方面增加无偿援助的比重，减少贷款比重，改善援助的财政条件”[②]。

第三，“义务责任理论”。义务是伦理学的重要范畴，它以目的为导向，强调人的主体性意图。康德是义务理论的主要代表人物，他认为，义务和职责出于实践理性，只有实践理性呈献给我们一条纯粹的、脱尽一切利益的道德法则，以供我们遵守；道德的必然性是强制性，即义务，道德法则对于绝对完整的存在者的意志是一条神圣的法则，而对于每一个有限的理性存在者的意志是一条职责法则；只有出于义务感的行为，才是道德的。即使像义务制定的那样行动，也不是出于义务感，也还是不够的，比如出于自私自利而诚实，出于冲动而帮助人，都算不上道德。[③]对外援助对义务的关照要求援助国在对外援助实践中自觉履行自主性和责任性原则。自主性原则是义务性援助的显著特征。20 世纪 60 年代初，周

①孙同全：“中国对外援助研究的现状及流派分析”，《国际经济合作》2014 年第 10 期，第 82—84 页。

②丁韶彬，阚道远：“对外援助的社会交换论阐释”，《国际政治研究》2007 年第 3 期，第 38—55 页。

③李志江：“义务·构建·理性——罗尔斯与康德政治伦理观之比较”，《河北学刊》2004 年第 3 期，第 62—66 页。

恩来提出的“中国对非提供经济技术援助的八项原则”,其中第二条“援助不附加任何条件”与西方“有条件援助”具有本质区别,它充分体现了“平等、相互尊重和不谋求特权和特殊待遇”等核心价值理念。责任性是义务性国际援助的本质特征。义务性援助根源于援助国在全球社会和国际舞台的位置和角色,民族国家共在的本体论,要求国际舞台中的大国、强国、发达国家具有对小国、弱国和欠发达国家的义务和责任,一个国家在国际舞台位置和发挥的角色越重要,那么它对这些贫穷落后国家具有的援助其发展的责任也就越大。由于非洲是当代世界贫穷落后国家比较集中的地区,因此,从国际伦理的角度说,对非洲援助是大国、强国、发达国家以及新兴国家应尽的责任[①]。

二、中国社会组织对外援助的必要性

1978 年党的十一届三中全会作出了改革开放的伟大战略决策。此后,中国开始主动投身激烈的国际市场竞争,中国日益成为世界经济舞台的重要力量。与此同时,伴随改革开放的持续深化,中国社会新型市场主体和新社会组织大量涌现,中国社会迎来了国内经济复苏、文化繁荣、市场振兴与国际地位显著提升的“第二春天”。在此背景下,中国如何更好地发挥在国际政治经济事务中的关键性作用,更好地履行大国责任,成为中国政府必须思考和解决的重大实践命题。

中国社会组织是中国对外援助的重要参与者、支持者和响应者。在此,我们不妨看一组案例和数据:

---

①刘鸿武,黄梅波:《中国对外援助与国际责任的战略研究》,北京:中国社会科学出版社 2013 年版,第 76—77 页。

——中国扶贫基金会对多个国家进行人道主义援助。2008 年 5 月，中国扶贫基金会通过联合国粮食计划署向缅甸飓风灾区捐赠了 33 万元人民币；2010 年 1 月，与联合国粮食计划署联合为海地地震筹款 256 万元，用于支持联合国粮食计划署在海地开展紧急援助工作；2010 年 3 月，通过智利驻华使馆捐赠 40 余万元人民币，帮助智利灾民；2011 年 3 月，与联合国粮食计划署联合为日本地震海啸筹款 10 万余元人民币；2011 年 6 月，中国扶贫基金会下设的母婴平安项目与澳门乐善行联合向几内亚比绍母亲捐赠价值 350 余万元的物资和医疗器械，用于几内亚比绍贫困母婴的救援工作[①]。

——中国青少年发展基金会的国际援助。中国青少年发展基金会成立于 1989 年，是国际青年基金会的会员单位，是具有联合国谘商地位的中国公募基金会。中国青少年发展基金会长期致力于对外交流与合作，下设海外合作中心，承担资源动员、管理、服务、协调以及机构国际合作的职能。2011 年，成立非洲部，专门负责对非洲希望小学的援建工作。非洲部的成立标志着中国青少年发展基金会向国际化的目标又迈出了坚实的步伐[②]。

——中国野生动物保护协会的国际援助。中国野生动物保护协会（CWCA）成立于 1983 年，是一个具有广泛代表性的野生动物保护组织。它是由野生动物保护管理、科研教育、驯养繁殖、自然保护区工作者和广大野生动物爱好者组成的群众团体。协会自成立以来，积极参与国内国际野生动物保护事业，为野生动物保护

①《中国扶贫基金会国际化发展大记事》，http://gongyi.sina.com.cn/gyzx/2011-05-24/171426658.html.

②邓国胜：《中国民间组织国际化的战略与路径》，北京：中国社会科学出版社 2014 年版，第 37 页。

宣传教育、国际合作、工作交流搭建了重要平台。中国野生动物保护协会曾召开“野生动物保护国际会议”和有关技术交流活动，先后同美国、德国等国家的野生动物保护组织开展保护野生动物的合作研究项目，为促进国际的文化交流，组织中国珍稀野生动物大熊猫、金丝猴先后到美国、加拿大、爱尔兰、比利时、新加坡、日本等国家展出，1984 年中国野生动物保护协会被世界自然保护联盟（IUCN）接纳为会员[①]。

通过以上案例，我们不难发现，中国社会组织在开展国际援助时，尽管方式和对象有所不同，这种不同是由社会组织的职能定位和工作范围所决定的。但是无不出于对某一类群体、某一项事业的支持和帮扶。那么，社会组织是出于怎样的思想动机和行为动机从事国际援助事业呢？

一是利他主义与共赢精神的深层作用。中华民族具有宽广的世界胸襟和博大的救世情怀。中华民族深深懂得，世界是一个大家庭，你离不开我，我离不开你。“各国相互联系、相互依存的程度空前加深，人类生活在同一个地球村里，生活在历史和现实交汇的同一个时空里，越来越成为你中有我、我中有你的命运共同体”[②]。作为发展中国家的一员，中国社会组织对外援助是不附加任何政治条件和经济条件的，是以利他主义精神为核心，追求发展中国家、欠发达国家互利共赢的。中国社会组织对外援助的利他性主要表现在，更多地从援助对象的实际需求和现实困难出发，而不是从援助者的部门设置和职能规定出发。简言之，就是“想他人之所想，帮他人之所困”，“授人以鱼，授人以渔”。

---

①中国野生动物保护协会：http://www.cwca.org.cn/aboutus/introduction/.

②中共中央宣传部：《习近平总书记系列重要讲话读本》，北京：学习出版社 2014 年版，第 147 页。

以中国红十字会和中华慈善总会援助印度洋海啸受灾国为例,2004 年 12 月 26 日印度洋海啸发生后，中国红十字会共接受各界捐款 4.3789 亿元人民币，已有超过 3.5 亿元用于灾后紧急救助和重建;中华慈善总会共接受捐款 2.5 亿元人民币,全部用于灾后紧急救助和重建。2008 年 4 月,中国红十字会援建印度洋海啸受灾国项目“中斯红十字综合楼”和中国红十字会与中华慈善总会共同援建的“中马友谊村”交付使用。据统计,印度洋海啸发生后,中国红十字会共在印度尼西亚、斯里兰卡、马尔代夫、泰国、缅甸等 5 个国家为灾民重建 9 个友谊村,1487 套永久住房及学校、医院、备灾中心等公用设施[①]。不仅如此,中国社会组织对受援国需要的响应十分及时，并不像传统援助方法那样需要反复论证、反复开会讨论,真正达到了“雪中送炭”的作用。与此同时,中国社会组织开展对外援助大多数都是无偿的、出于人道主义的，并没有增加受援国的经济负担和财政负担。正如有学者所说:“作为发展中国家的一员，中国对外援助的特色也体现在这种政治和经济目标的差异上，即中国对外援助的根本出发点是利他主义和追求与受援国的共赢,旨在促进受援国的自主发展能力”。[②]

二是基于现实主义的对外政策。现实主义政治学认为,组织的对外行动不是毫无目的的盲目行动,而是有计划、有预期、有指向性的积极行动,也就是说,组织行动必然被行动背后的物质利益、文化利益和经济利益所纠缠。没有无利益的行动,也没有无行动的利益。马克思指出:“这个世界之所以充满危险,是因为世界,……

---

①《我国民间组织援助海啸受灾国重建项目全部竣工》,《光明日报》2008 年 4 月 1 日。

②潘亚玲:“中国特色对外援助理论建构初探”,《当代亚太》2013 年第 5 期,第 92—110 页。

是许许多多利益的天下"[①],"人们奋斗所争取的一切,同他们的利益有关"[②]。西方国家对外援助是现实主义对外政策的典型代表。以西欧为例,以英、法和西班牙为代表的前殖民帝国的宗主国,以援助自己的前殖民地为重点,其动因无外乎有两个:一是由于历史原因,与这些国家在经济上形成了结构性互补和依赖,维持其经济健康有利于本国的经济发展;二是为了维护与他们既有的特定关系,保住自己的国际影响力和国际地位。以瑞典、挪威、丹麦为代表的北欧福利国家对外援助,带有显著的社会民主党福利国家意识形态色彩,比较注重扶贫和发展援助效果,以期改善受援国的福利水平,延伸福利国家制度的国际影响力。[③]

与西方国家对外援助不同, 中国社会组织的对外援助致力于缩小国家之间的贫富差距, 增进世界人民特别是欠发达国家、不发达国家人民福祉,缩小南北差距。在开展对外援助的同时,中国社会组织也积极向国际社会传播中国文化、讲述中国故事、塑造中国形象。以扶贫开发为例,中国 NGO 组织在农村发展与扶贫领域的经验, 对于发展中国家的扶贫开发事业有很大的借鉴价值。随着中国经济的发展、综合国力的增强,中国 NGO 有责任将中国农村发展与扶贫开发的经验传递到发展中国家,帮助亚非拉发展中国家脱贫致富,为人类社会的共同富裕、和谐发展做出应有的贡献。[④]中国扶贫发展中心(FCMPC)是从事项目管理和外资扶贫

①《马克思恩格斯全集》(第 1 卷),北京:人民出版社 1956 年版,第 164—165 页。

②《马克思恩格斯全集》(第 1 卷),北京:人民出版社 1956 年版,第 82 页。

③刘慧华:"对外援助的动因分析",《社会科学》2014 年第 7 期, 第 16—25 页。

④邓国胜:《中国民间组织国际化的战略与路径》,北京:中国社会科学出版社 2014 年版,第 15 页。

的专门机构，中心自成立以来，在开展国内扶贫开发工作的同时，也长期致力于欠发达国家的扶贫开发事业。例如，启动于2011年的中加合作——农村社区减贫试点项目，项目主要包括为加纳援建校舍、排水渠和民房等，“总体来看，项目不仅建设质量高，而且深受社区欢迎和肯定”[①]。

三是坚持对外援助的八项原则。1964年1月16日，时任国务院总理的周恩来访问加纳，两国政府联合发表《中国政府对外经济技术援助八项原则》。八项原则的基本精神是：平等互利；尊重受援国主权，绝不附带任何条件，绝不要求任何特权；中国以无息或低息贷款方式提供援助，帮助受援国走自力更生、经济上独立发展的道路；力求投资少，收效快；提供中国最好的设备和物资；帮助受援国掌握技术；专家待遇一律平等。在八项原则指导下，中国先后与多个非洲国家签订了经济技术合作协定，双边经贸往来迅速发展。1963年底以前，和中国建交的非洲国家只有12个，到1975年就发展到38个。[②]对外援助八项原则的提出为中国开展对外援助工作提供了基本遵循的原则要求，此后，中国对外援助实践赋予了八项原则更为丰富的时代内涵和民族特色。

20世纪80年代，根据邓小平对外开放的指导思想，我国总结了长期以来对外援助的实践经验，提出了新时期对外援助的工作方针，即平等互利、讲究实效、形式多样、共同发展。1996年江泽民在非洲总部发表演讲时郑重宣布了与非洲国家合作的五点原则：真诚友好，彼此成为可信赖的全天候朋友；平等相待，相互尊重主

①《中加合作农村减贫试点项目中期检查工作圆满结束》，http://www.fcpmc.org/news_detail.asp?id=1504.

②《1964年对外援助八项原则》，http://news.xinhuanet.com/politics/2009-01/16/content_10623970.htm.

权，不干涉内政；互惠互利，谋求共同发展；加强磋商，在国际事务中密切合作；面向未来，创造一个更加美好的未来①。2006年11月，胡锦涛在中非合作论坛北京峰会上再次对中非合作关系予以强调和确认，“真诚友好，是中非友谊不断加强的坚实基础”，“平等相待，是中非互信日益增进的重要保证”，“相互支持，是中非合作长盛不衰的不竭动力”，“共同发展，是中非人民孜孜以求的共同目标”②。2006年《中国对非洲政策文件》也提到：加强中非经济合作，“在减灾、救灾和人道主义援助方面，鼓励民间组织与非洲相关团体开展交流与合作”③。

在“八项原则”的积极推动下，中非合作取得重要进展和重大成果。以中国扶贫基金会援助非洲项目为例，该基金会援助非洲的项目主要有三项：非洲贫困母婴援助计划、援建苏丹妇幼保健系统示范项目、非洲之角援助项目。其中，非洲贫困母婴援助计划项目致力于提高贫困母婴生命保障水平。2007年，该项目提出非洲贫困母婴援助计划，得到乐善行的积极回应。2008年5月，三方签署合作备忘录，并达成长期援助计划的协议。2011年6月，乐善行捐款300万元、基金会配套50万元，用于捐赠医疗设备给第一夫人基金会。援建苏丹妇幼保健示范项目于2009年10月启动，2010年3月向苏丹民间组织比尔特瓦苏捐赠价值38.8万元的医疗物资，同年4月与中国国际扶贫中心共同举办“苏丹民间组织

①黄梅波：“中国对外援助机制：现状和趋势”，《国际经济合作》2007年第6期，第5—12页。

②胡锦涛：《在中非合作论坛北京峰会开幕式上的讲话》，《人民日报》2006年11月5日。

③《中国对非洲政策文件》，http://www.gov.cn/gongbao/content/2006/content_212161.htm.

能力建设培训班”[1]，2011 年 4 月，中国石油在基金会设立“中国石油援非公益基金项目”，并捐款 60 万美元。非洲之角援助项目共募集资金 31.6 万元，其中 70%来自公众捐款。

三、中国社会组织对外援助的主要方式与实现路径

一般而言，中国社会组织对外援助的方式主要包括成套项目建设、物资援助、技术合作、人力资源开发等。其中，成套项目建设和物资援助是对外援助的主要方式，技术合作和人力资源是提升受援国自主发展能力的主要方式。后者比前者更具有持续性意义。根据《中国的对外援助(2014)》白皮书介绍，2010—2012 年，中国对外援助方式主要包括援建成套项目、提供一般物资、开发技术合作和人力资源开发合作、派遣援外医疗队和志愿者、提供紧急人道主义援助以及减免受灾国债务等。在援建成套项目方面，中国共在 80 个国家建成成套项目 580 个，重点集中于基础设施和农业等领域。在提供物资方面，中国共向 96 个国家和地区提供物资援助 424 批，主要包括办公用品、机械设备、监测设备、交通运输工具、生活用品、药品以及医疗设备等。在技术合作方面，中国共在 61 个国家和地区完成技术合作项目 170 个，主要涉及工业生产和管理、农业种植养殖、文化教育、体育训练、医疗卫生、清洁能源开发、规划咨询等领域。在人力资源开发合作方面，中国在国内举办多期培训班，其中包括官员研修班、技术人员培训班、在职学历教育项目等，为其他发展中国家培训人员 49148 人。在派遣援外医疗队方面，中国向 54 个国家派遣 55 支援外医疗队，共计 3600 名医护人员，开展定点或巡回医疗服务，诊治患者近 700 万人次。

①赖钰麟：“民间组织从事对外援助：以中国扶贫基金会援助非洲为例”，《国际论坛》2013 年第 1 期，第 36—43 页。

在派遣志愿者方面,中国向 60 多个国家派遣青年志愿者和汉语教师志愿者 7000 名。在提供紧急人道主义援助方面,中国向 30 余个国家提供紧急人道主义援助,包括物资和现汇援助,价值约 15 亿元人民币。在减免受援国债务方面,中国免除坦桑尼亚、赞比亚、喀麦隆、赤道几内亚、马里、多哥、贝宁、科特迪瓦、苏丹等 9 个最不发达国家和重债穷国共计 16 笔到期无息贷款债务,累计金额达 14.2 亿元人民币[①]。

由此可见,中国政府和中国社会组织的对外援助是立体式的、全方位的。既着眼当下,集中力量帮助受援国解决食品、医疗、卫生、安全、基础设施建设等紧迫问题;也放眼长远,帮助受援国增强自主发展能力,加强对科技、教育、文化、工农业技术等领域的援助和指导。那么,中国社会组织是通过何种渠道、遵循怎样的援助路径履行其国际责任呢?中国社会组织在中国政府对外援助的整体外交行动中又扮演怎样的角色呢?

其一,中国社会组织主动参与全球治理,在全球治理的生动实践中履行国际责任,实现援助目标。全球治理,是指国际社会的多元行为主体为了实现共同目标、增进共同利益,在全球层面的各个领域通过正式或非正式的制度安排而采取合作性的持续过程。它强调世界的整体性特征,力图建立一个全球多行为体、多层面和多维度的治理网络。全球治理是全球化发展的需要, 形成了新的多主体的互动过程[②]。作为国际关系中的新型行为体,中国的社会组织在全球治理中扮演着重要角色, 它们在国际事务协商、国

①国务院新闻办:《中国对外援助(2014)》,北京:人民出版社 2014 年版,第 5—7 页。

②刘清才, 张农寿:“非政府组织在全球治理中的角色分析”,《国际问题研究》2006 年第 1 期,第 48—52 页。

际经贸往来、国际人道主义援助、国际文化交流交往等方面具有举足轻重的作用。

从学理层面上讲，中国社会组织在全球治理中履行国际责任是由其组织属性和价值文化所决定的，社会组织与国家政权的相对分离和崇尚公益、公平、公正的价值导向，从根本上决定了社会组织在国际治理体系中扮演着公正角色，它们致力于全人类福祉的共同增进，致力于维护世界和平稳定与发展。正如有学者指出："非政府组织作为一种民间社会组织，具有志愿性，体现公益性，一般不受传统的国家政治影响，没有国家主权的约束，也不受自我利益的驱使，可以立足于社会道义去致力某个特定全球性问题的解决。非政府组织独特的普适性和包容性使其与国家的局限性形成鲜明对比，这种致力于全人类共同事业的行动有力牵制了国家的自私自利行为"[①]，而对国家自私自利行为的牵制和约束，正是社会组织履行国家责任的最好诠释。对此，中国社会组织必须主动而积极地参与到全球事务中去，发出中国声音、维护人类利益、彰显大国责任，推动世界政治经济秩序朝着更加公正的方向发展。需要特别强调的是，中国社会组织在全球治理中的责任边界不是无限的，"无论是从助人助己、天下大同等传统文化的角度，还是从中国 NGO 参与全球治理的角度，在实事求是、量力而行的原则下，少数有国际视野、有能力的中国社会组织逐步走出国门，在发展中国家开展人道主义援助或发展援助都是其历史使命与国际责任"[②]。

①王丽娟，刘忠平："全球治理中的非政府组织角色分析"，《山西师大学报（社会科学版）》2009 年第 3 期，第 12—16 页。

②邓国胜：《中国民间组织国际化的战略与路径》，北京：中国社会科学出版社 2014 年版，第 17 页。

其二，中国社会组织与中国政府在对外援助事业中形成“合力”，为政府对外援助体制注入活力和新思维。新中国成立特别是改革开放以来，中国政府和中国社会组织积极参与国际援助，中国对外援助事业取得的成绩有目共睹。《中国的对外援助(2014)白皮书》从“推动民生改善”、“促进经济社会发展”、“区域合作机制下的对外援助”、“参与国际交流合作”等方面，全景式展现了近年来中国对外援助事业的最新进展。截至2009年底，中国已经累计对120多个发展中国家提供了经济技术援助，向30多个国际和区域组织提供了捐款，累计对外援助金额2562.9亿元，其中无偿援助1062亿元，无息贷款765.4亿元，优惠贷款735.5亿元。六十多年的对外援助有力配合了中国外交，扩展了中国的国际影响力，提升了中国的国际地位，维护了国家主权和领土完整，促进了受援国经济的发展，实现了中国和受援国在经济上的互利共赢[①]。为了进一步提高对外援助的质量和效益，弥补政府单一援助主体在援助事业上的局限于不足，实现援助国与受援国在国家政府、社会组织之间的双向互动，中国也积极探索社会组织参与对外援助事业的路径与渠道。

可以说，社会组织在对外援助中与政府角色相辅相成、相得益彰，前者比后者更具灵活性和创新性，一方面，中国社会组织资金财力有限，难以在对外援助事业中独当一面，这就需要政府官方和国有企业的介入和积极支持。社会主义制度的优势在于集中力量办大事，政府财政的注入为社会组织更好履行专业化职能，消减社会组织的财政之忧具有重要意义，同时，通过政府官方的牵线搭桥，社会组织可以大踏步地走出国门，强大的国家力量和较

①胡再勇：“新时期中国对外援助战略研究”，《国际经济合作》2014年第2期，第50—57页。

高的国际威望是中国社会组织参与国际事务的重要筹码。另一方面,社会组织可以弥补政府体制“灵活性”不足的缺陷,对一些突发的公共事件可以迅速反应、随时行动、妥善解决。

其三,中国社会组织的知识精英在国际社会组织中担任领导职务,直接领导国际社会组织建设发展,进而提升中国整体形象。国家的国际形象犹如人的“名片”,国际社会往往通过该国的国际形象来判断如何设计与其打交道的外交政策和外交技术。所谓“国家形象”,是“一国内部公众和外部公众对该国政治、经济、社会、文化与地理等方面状况的认识和评价,可分为国内形象和国际形象”[①]。国际形象是国家在国际社会中的“名誉”,是国家间政治信任的重要纽带。例如在科技外交活动中,我国科学技术专家自觉充当起科技外交官的角色,在众多重要国际科技组织中担任领导职务。据统计,改革开放以来,中国积极参与联合国教科文组织、世界气象组织、世界知识产权组织、联合国粮农组织、国际科学家理事会等政府间和非政府国际科技组织;2004 年中国作为非欧盟成员国正式加入伽利略计划,2006 年中国作为正式成员加入国际热核聚变实验堆计划。截至 2008 年底,我国已经加入 1000 多个国际科技合作组织,有 206 位科学家在 350 个国际科技组织中担任各级领导职务[②]。

以中国对外科技交流合作为例,近年来,中国科学家在国际舞台上扮演着重要的“外交使者角色”,成为传播科技文化、提升中国科技话语权、展现国家国际形象的生力军。一方面,中国科技外

---

①孙有中:“国家形象的内涵及其功能”,《国际论坛》2002 年第 3 期,第 14—21 页。

②“我国加入国际科技组织情况”,新华网 http://news.xinhuanet.com/politics/2010-02/17/content_12997518.htm

交官在传播科技文化的同时也在为塑造国家良好国际形态提供精神动力，科技文化是差异性最小的文化形态，也是最容易被世界人民普遍接受的文化形态；科技外交官在与世界各国开展科技合作交流中所表现的谦逊、严谨、求真、务实的科学态度和治学精神，会潜移默化地融入他国人民的心灵深处，在科学文化“对象化”的同时也实现了良好国家形象的“对象化”，由此塑造起来的国际形象更为稳固和长久。另一方面，科技外交官证明了中国科技的国际影响力，扩大中国在国际科技界的话语权，中国科学家在世界顶级科技学术组织中担任主要领导职务表明中国科技在该领域已经达到甚至远超世界一流水平，这是国际社会对中国科技发展的高度认可，增强了中国科技在世界科技体系中的主导权和规制权。

第三节　在全球化背景下增强中国社会组织履行国际责任的能力

21 世纪是全球化的世纪，21 世纪也是中国社会组织大有作为的世纪。在全球经济一体化、世界政治多极化趋势大潮下，中国社会组织迎来新的发展春天和难得的发展机遇。全球化促进了世界各国公民意识、民主意识、权力意识和公正意识的觉醒和回归，为国际政治经济秩序的深度调整提供了丰厚的社会土壤。在全球化背景下，中国社会组织应该更为积极、更为主动地参与全球治理事业之中，发挥独特优势、扮演积极角色、履行国际义务、承担国际责任。

一、社会组织：全球治理行动的责任主体

改革开放以来，中国逐渐成为世界市场不可分割的一部分，中国离不开世界，世界也离不开中国，世界与中国相濡以沫，彼此不可分割。特别是加入 WTO 以来，中国与世界的关系更为密切，中国与世界逐步融为一个有机整体，双方互通有无，交换着信息、资源、物质、财富和文化。全球化把中国卷入世界市场的浪潮，全球化也为中国培育出本土化的公共精神和社会伦理奠定了坚实的社会基础。

20 世纪末，伴随民族国家政治民主化进程的加快，战后国家社会化和社会国家化的状况得到改观，推动了国家与社会相互合作及其治理体系与结构的形成。市场经济体制开始向全球扩张，资本日益被赋予国际色彩，经济自由化成为各国普遍奉行的政策，经济全球化的进程明显加快。跨国投资等全球性经济活动，要求在有关民族国家内有一个适宜的政治和法律环境，与此相适应的制度性变迁成为一种普遍的发展趋势。随着经济全球化特别是市场经济全球化，民主、自由、人权、安全、和平等价值随着媒介和政治交流的日益增多而在全世界范围内得到广泛的传播，逐步形成了世界各国人民公认的价值规范和价值评价标准。

在此背景下，中国更是深深地融入到全球经济之中，中国的政治发展已经或正在受到全球化发展趋势的影响，中国民主政治发展越来越具有开放性特征，经济全球化为我国民主政治发展提供了一种强大的助推外力。它要求我们全面推进国家治理体系和治理能力现代化建设，建设中国特色社会主义政治文明，拓展公民有序政治参与的渠道和空间，要求我国扩大经济政治和社会生活的自由度和增强自主化，扩大政治经济和社会生活的平等化以及

政治过程的程序化和法治化，全面推进各领域的法治建设。全球化的历史进程和民主制度需求的大幅增长，催生了现代意义上中国公民政治意识和责任意识的觉醒与形成[①]。这就要求中国社会组织不仅要思考如何在市场与政府的互动关系中找准定位、明确方向；更要在国家与国家的互动关系中寻求生存和突围之道。世界因社会组织的存在和参与而变得丰富多彩，社会组织也因世界舞台的广阔和无限而充满活力。

在国内民主意识和权利意识得到巩固和加强的同时，中国与世界的关系、公民与国家的关系、社会组织与政府的关系也在发生微妙变化。对这种变化的最简要概括是：中国政府与中国的社会组织日益成为世界舞台上的表演者、裁判者、意见表达者。特别是2008年全球性金融危机以来，中国在国际治理体系中的话语权和决定权大幅提升。与此同时，中国改革开放三十多年的实践经验和瞩目成就也使中国道路具有了世界意义和普遍价值。

参与国际治理，就是履行国际责任。作为世界上最大发展中国家，作为联合国安理会常任理事国，中国在全球治理行动和履行国家责任方面可谓是全方位、多层次的。这是历史发展的必然，也是中国坚定不移走和平、发展、合作、共赢道路的真实写照。

——在应对气候变化方面。中国积极参加全球气候谈判，主张坚持《联合国气候变化框架公约》和《京东议定书》基本框架，坚持“共同但有区别的责任”原则，坚持可持续发展，通过切实有效的国际合作，共同应对气候变化。2007年，中国参加了印尼巴厘岛联合国气候变化谈判会议，为“巴厘路线图”的形成做出了实质性贡献。2009年，中国积极参加哥本哈根谈判，为打破谈判僵局，推动

①张勤：《中国公民社会组织发展研究》，北京：人民出版社2008年版，第265—266页。

各方形成共识发挥了关键性作用。2010年，中国全面参与墨西哥坎昆会议谈判与磋商，在关于全球长期目标、《京东议定书》第二承诺期、发展中国家减缓行动的"国际磋商与分析"以及发达国家减排承诺等分歧较大的问题的谈判中，中国积极与各方沟通协调，从各个层面与各方坦诚、深入交换看法，增进相互理解，凝聚政治推动力①。

——在贫困治理方面。中国最突出的成就莫过于改革开放三十多年来让数以亿计的贫困人口富裕起来，实现了从一个落后的农业国向一个富强的现代化国家的转变。在经济全球化浪潮中，中国抓住了新一轮产业转移的历史机遇，加入WTO，融入全球体系，并利用丰富的人力资源和成本优势，形成了强大的制造能力，解决大批农村人口向城镇转移的就业和致富问题。中国国内贫困治理的成功经验为全球减贫治理提供了多样化的解决方案。中国减贫治理强调主权国家在贫困治理中的主导性作用，国内各种社会力量的综合运用，通过发展解决贫困问题，立足国情、有效利用国际援助及对外援助的去意识形态化。中国开始将这些来自国内实践的有效经验合理整合到全球减贫议程中，促进相关治理机制改革及内容调整，进而为其他发展中国家国内贫困治理提供极具参考价值的理念和方法。

——在公共卫生治理领域。根据世界卫生组织发布的《2013年世界卫生统计报告》，中国在2011年人均寿命达到76岁，高于同等发展水平国家，甚至高于一些欧洲国家。这主要得益于在过去几十年里中国经济的持续增长带来的生活和医疗等方面条件的改善，使中国人的预期寿命得到很大提高。全球卫生治理的概念

①参见国务院新闻办公室公布的《中国应对气候变化的政策与行动（2011）》白皮书。

自20世纪90年代被提出以来，受到了世界卫生组织及其成员国的高度关注和普遍重视。进入21世纪后，全球卫生治理经历了艾滋病、SARS、禽流感、猪流感、甲型流感等国际卫生危机的考验，取得了一定成效。在艾滋病的全球治理之中，非政府组织发挥了重大作用，也取得了可喜成绩①。再如，2014年，埃博拉疫情肆虐非洲，从局部性公共卫生事件演化为全球性公共卫生事件。中国是最早参与埃博拉救治工作的国家。自2014年8月初开始，在援非医疗队留守的基础上，中国又向三国陆续派出多批公共卫生专家以及进行一线防控的和救护援助的短期医疗队进行增援。2014年4月和8月，中国还两次向疫区国家几内亚比绍提供了总价值约3400万人民币的人道主义物资援助。截至2014年11月20日，中国已经分四批向疫区国家提供了总价值约7.5亿元人民币的援助，成为累计向非洲提供援助批次及金额最多的国家之一；累计派出近450名医务人员参加一线救治，为疫区国家援建了生物实验室和治疗中心，并帮助周边十国降低疫情输入性风险②。

二、以更加积极的姿态投身全球治理实践，提升中国社会组织履行国际责任的能力

第一，中国社会组织要主动出击，走出国门，在国际化浪潮中检验自身，积累经验。世界是个大舞台，国际化是这个舞台的最大幕布。在国际化背景下，中国社会组织不能墨守成规、固守一隅，要主动出击，顺势而为，大胆走出国门，阔步走向世界。可以说，走

①张小劲，于晓红：《推进国家治理体系和治理能力现代化六讲》，北京：人民出版社2014年版，第175—176页。

②郭佳："埃博拉危机与中国在非洲的软实力建设"，http://cpc.people.com.cn/n/2014/1212/c187710-26197548.html.

出国门是中国社会组织推进自身国际化建设,培养与国际接轨的高素质人才队伍的关键。这也是中国社会组织主动作为、积极作为的内在要求。

中国社会组织要加强人才队伍建设，培养与国际接轨的高素质人才队伍,大力吸引留学人才归国服务,用待遇留住人才、用情感留住人才、用平台留住人才。习近平总书记对2014年召开的全国留学工作会议做出重要指示强调:“留学工作要适应国家发展大势和党和政府工作大局,统筹谋划出国留学和来华留学,综合运用国际国内两种资源,培养造就更多优秀人才,努力开创留学工作新局面”[①]。对当代中国而言,国家发展大势就是全面建成小康社会、全面深化改革、全面依法治国;就是推进国家治理体系和治理能力现代化建设,推进各领域全面改革;就是更为主动积极地融入国际社会，在国际社会发声亮剑。人才是社会组织国际化建设的第一资源，其巨大价值不可估量。中国社会组织要想吸引更多优秀的国际人才和留学人员,还需要社会对社会组织海外行政管理成本较高给予理解,需要突破现行政策对社会组织人力资源薪酬的束缚。

根据西方国家国际社会组织建设经验，在发展中国家开展海外援助项目不仅难度大,而且还面临配偶、子女工作与入学的挑战,面临疾病与生命财产安全等方面的风险,因此为了吸引和留住国际化人才,海外工作的国际员工薪酬水平普遍较高。当前,中国非政府组织工作人员的工资待遇水平非常低,在海外开展项目的工作人员也不例外。而要提高海外员工的待遇，首先会遇到财政部、国家税务总局《关于非营利组织免税资格认定管理有关问

①习近平:《适应国家发展大势和党和国家工作大局 培养更多优秀人才开创留学工作新局面》,《人民日报》2014年12月13日。

题的通知》的限制。根据该通知,非营利组织要想获得免税资格,其工作人员福利开支必须控制在一定比例和范围内,不得变相分配该组织的财产。其中,工作人员平均工资水平不得超过上年度税务登记所在地人均工资水平的两倍。如果不增进人们的理解和认同,不解决这些制度瓶颈,中国非政府组织要吸引和留住一批优秀的国际人才,提升国家化能力是十分困难的①。

此外,中国社会组织还应该根据自身建设和发展实际,积极学习和借鉴国际社会组织建设经验。例如,美国奥巴马政府积极推动对外援助管理体制的改革。开发署和国务院分别是援助(发展)和外交的主要领导机构, 国务院也同时管理一些重要的发展项目。因此,援助管理政策制定和管理的跨机构协调主要是开发署和国务院之间的协调,但不仅仅局限于这两个机构之间。目前,美国国务院和开发署通常要与 20 多个美国联邦政府机构合作发展事宜②。再如,日本的对外援助事业。日本对外援助事业的最大特点是吸引大众参与和国内各界的广泛支持,日本把民间援助作为官方援助的重要补充。2003 年修订的《官方援助大纲》本身就是促进大众参与的重大改革。日本政府推行广泛地讨论,从而确保大众的参与,如与知识分子、实施机构、非政府组织以及商界的意见交流、大众评论与听证会。举例来说,日本国际协力机构实施了日本海外合作志愿者、资深志愿者两项计划以推动青年与许多富有经验的日本国民参与国际合作。日本海外志愿者计划是一项向发展中国家派出 20—39 岁日本青年、为期两年的大众参与计划,以

①邓国胜:《中国民间组织国际化的战略与路径》,北京:中国社会科学出版社 2014 年版,第 294—295 页。

②丁韶彬,周宝根:"美国对外援助管理:历史与现实",《国际经济合作》2012 年第 4 期,第 78—81 页。

帮助发展中国家的经济发展。相比之下，资深志愿者是一项 40—69 岁的中老年人参与的计划，这些资深志愿者具有广泛的技能与丰富的经验①。

第二，中国社会组织要积极融入中国对外援助体系之中，加强对外援助的国际合作与多边协调，使中国社会组织对外援助事业与中国对外整体外交工作相得益彰、相互协调。社会组织是中国对外援助的重要力量，发挥社会组织在对外援助事业中的人力资源优势、援助成本优势、专业技术优势、公民参与优势，有助于进一步提高对外援助的质量和效益，增进援助国和受援国人民群众的深厚情感。社会组织作为对外援助的重要主体，其组织性质和组织功能决定了其从事对外援助活动的可行性。在对外援助领域，非政府组织的活动能够对政府直接的援助起到缓冲作用。中国有必要利用援外资源将非政府组织作为对外援助的直接执行者。一方面，通过非政府组织，中国可以提高对外援助活动的效率；通过非政府组织发布的中国对外援助报告可以提高可信度和透明度；缓解国际社会对中国对外援助的误解。另一方面，将非政府组织纳入中国对外援助体系，可以吸纳更多的社会资源和社会资金参与国际援助，使对外援助资源来源多元化，扩大对外援助的规模，提高对外援助的水平。在对外援助中，中国社会组织应充分重视多边援助国际组织的合作。

中国社会组织要以非传统安全领域国际交流合作为重点，与世界各国政府和人民共同致力于推动人类和平与发展的崇高事业。冷战结束后，世界格局发生深刻调整，世界多极化和经济全球化趋势明显加强。国家利益和国家力量成为决定国与国关系的基

①白云真："21 世纪日本对外援助变革及其对中国的启示"，《教学与研究》2014 年第 7 期，第 55—62 页。

本准则，当今世界已经告别了以意识形态区分敌朋远近的旧时代，和平、发展、合作是当今时代的主题，尽管局部战争时有发生，但国际力量对比正朝着有利于维护世界和平的方向发展。在传统安全日益淡化的同时，国际社会非传统安全①却越发引人担忧。胡锦涛在出席亚太经合组织第十七次领导人非正式会议上指出“国际金融危机的深层次影响依然存在，世界经济形势好转的基础并不牢固，推动世界经济全面恢复增长还面临诸多不确定不稳定因素”，与此同时，“气候变化、粮食安全、能源资源安全、公共卫生安全、重大自然安全等全球性问题日益突出”②。

解决好非传统安全领域面临的诸多难题需要世界各国的共同努力，国际范围内的科技交流与合作在“相当程度上决定了各国在未来世界竞争格局中的地位，成为维护国家安全的关键所在”③。例如，在共同应对全球气候变化方面，中国积极与其他发展中国家展开科技合作。在2011年南非德班联合国气候变化框架公约第17届缔约方会议期间，我国正式发布了由科技部、联合国开发署驻华代表处、联合国环境规划署等六方共同编写的《南南科技合作应对气候变化适用技术手册(第二版)》，并启动了“应对气候变化国际科技合作平台网络”。在共同应对节能减排方面，2009年3月，由科技部等13个部门联合举办的“中国国际节能减排和新能源科技博览会”在北京举行，来自全球20多个国家(地区)的企业

---

①非传统安全是相对“传统安全”而言的，是指除军事、政治和外交冲突以外的其他对主权国家和人类整体生存与发展构成威胁的因素。

②胡锦涛:《在出席亚太经合组织第十七届领导人非正式会议第二阶段会议并发表重要讲话》，载于 http://news.xinhuanet.com/world/2009-11/15/content_12461155.htm

③《科技安全:一个不容小视的战略话题》，《国防报》2001年4月2日。

和机构参加展览会，展出1680多项科技成果，有力促进了世界各国节能减排和新能源技术的应用、推广和交易。[①]

第三，建立中资企业与社会组织战略合作的伙伴关系。中国社会组织走出国门，不仅需要与中国政府外事工作相互配合，与国际组织展开密切合作，充分利用海外中资企业在对外交往实践中的建设性作用也十分重要。可以说，海外中资企业是中国社会组织走出国门，提高国际竞争力的重要支点。一方面，中国社会组织的国际化发展离不开海外中资企业的资金支持和捐赠。而且，海外中资企业的员工也是中国社会组织在海外开展公益项目的重要志愿者资源。据有关统计数据显示，自2000年我国开始实施"走出去"战略以来，中国企业海外投资呈现逐年上升趋势。以中资企业在津巴布韦投资状况为例，目前，我国驻津巴布韦使馆经商处注册的中资企业有45个，另外还有近100家中资个体企业以家庭为单位在津巴布韦经营餐饮业和零售业，根据津巴布韦投资局统计数据，2012年津巴布韦外商投资额为9.29亿美元，其中来自中国的投资约占72%，中国已经成为津巴布韦最大的外商投资来源地和重要的贸易伙伴[②]。另一方面，海外中资企业在履行社会责任、树立企业形象方面也离不开社会组织的支持。提升中资企业的社会责任，树立中资企业的良好形象迫在眉睫。

近年来，很多海外中资企业更加关注在生产经济活动中履行社会责任的路径与方法，投入大量人力物力财力开展公益慈善活动。然而，由于缺乏专业人员、缺乏专业的技能和方法，这些公益

---

①资料来源：《中国科学技术发展报告》（2009、2011），载于 http://www.most.gov.cn/kjfz/kjxz/

②吕东明："中资企业在津巴布韦投资的现状及建议"，《国际经济合作》2014年第6期，第75—77页。

慈善活动的效果并不理想。与此形成鲜明对比的是，中国扶贫基金会与中石油共同援建苏丹的阿布欧舍友谊医院，不仅有效克服了资金和人力资源短缺的困难，而且还达到了事半功倍的效果。该项目在中国驻苏丹大使馆的帮助与协调下，从2010年6月开始设计，到2011年5月底竣工，历时11个月。医院建成后，就医环境和医疗设备得到显著改善，与此同时，中国扶贫基金会将董事会制度引入医院，由中国扶贫基金会、当地慈善组织BTO、当地政府、医院管理方、中国援外医疗队等五方代表共同组建成董事会，对重大事项进行决策。此外，中国扶贫基金会还将基金会的品牌公益项目"母婴平安"的先进管理经验引入医院，帮助医院建立了辐射周边社区的母婴保健网络，"中方将派遣工作人员和志愿者到医院工作，捐赠价值20万元的助产士包和小型医疗设备，以改善医院工作条件，并通过帮助搭建医院周边社区母婴保健网络、对医院助产士进行能力建设培训，组织医院周边社区的孕产妇学校活动，宣传妇幼保健知识，提高当地母婴保健水平，带动整个苏丹妇幼保健水平的提高。"[①]

实践证明，海外中资企业与中国有能力的公益慈善组织建立战略合作伙伴关系，通过引入专业的公益慈善方式，可以大大提高公益项目的效率和社会影响力，从而达到公益项目创新与可持续的效果。因此，海外中资企业应当与国内社会组织形成战略合作伙伴关系或联盟，将社会组织的专业优势和人力资源优势与中资企业的资金优势充分结合起来，更好地融入援助国的社会生活与文化生态，相互支持，共同履行好国际责任，融入当地社区，树立良好组织形象。

---

①中苏阿舍欧医院母婴保健网络项目启动：http://roll.sohu.com/20120705/n347402917.shtml.

参考文献

[1]十六大以来重要文献选编[C].十七大以来重要文献选编[C].十八大以来重要文献选编[C].中央文献出版社.

[2]【德】Michael Edwards.公民社会[M].张义东等译.台北:开学文化,2013年.

[3]【美】奥斯特罗姆.民主的意义及民主制度的脆弱性[M].李梅译.陕西人民出版社.2011.

[4]【英】鲍曼.生活在碎片之中:论后现代道德[M].郁建兴译.学林出版社.2002.

[5]【法】波德里亚.消费社会[M].刘成富,全志刚译.南京大学出版社.2001.

[6]【美】布洛维.公共社会学[M].沈原等译.社会科学文献出版社.2007.

[7]陈宝良.中国的社与会[M].浙江人民出版社.1993.

[8]崔开华等.组织的社会责任[M].山东人民出版社.2008.

[9]【美】德鲁克.后资本主义社会[M].傅振焜译.东方出版社.2009.

[10]【美】德鲁克.非营利组织的管理[M].吴振阳等译.机械工业出版社.2009.

[11]邓国胜等著.民间组织评估体系:理论、方法与指标体系[M].北京大学出版社.2007.

[12]邓国胜.中国民间组织国际化的战略与路径[M].中国社会科学出版社.2014.

[13]【英】亚历山大主编.国家与市民社会[M].邓正来译.上海人民出版社.2006.

[14]邓正来.国家与社会[M].北京大学出版社.2008年版.

[15]邓正来.市民社会理论的研究[M].中国政法大学出版社.2002.

[16]【美】盖拉特.21世纪非营利组织管理[M].邓国胜等译.中国人民大学出版社.2003年版.

[17]高丙中,袁瑞军主编.中国公民社会发展蓝皮书[R].北京大学出版社.2008.

[18]高红.城市整合——社团、政府与市民社会[M].东南大学出版社.2008.

[19]【英】格林.再造市民社会[M].邬晓燕译.陕西人民出版社.2011.

[20]郭道辉.社会权力与公民社会[M].译林出版社.2009.

[21]国家民间组织管理局.中国民间组织评估[R].中国社会出版社.2007.

[22]国务院发展研究中心社会发展研究部课题组.社会组织建设:现实、挑战与前景[C].中国发展出版社.2011.

[23]【德】哈贝马斯.公共领域的结构转型[M].曹卫东等译.学林出版社.1999.

[24]何增科主编.公民社会与第三部门[M].社会科学文献出版社.2000.

[25]何增科，包雅钧.公民社会与治理［M].社会科学文献出版社.2011.

[26]黄晓勇主编.中国民间组织报告(2009-2010)［R].社会科学文献出版社.2009.

[27]黄晓勇主编.中国民间组织报告(2010-2011)[R].社会科学文献出版社.2011.

[28] 侯一夫. 中国公民社会的发育——现状、问题与前景[M].黑龙江大学出版社.2011.

[29]【英】吉登斯.超越左与右［M].李惠斌，杨雪冬译.社会科学文献出版社.2000.

[30]贾西津.第三次改革——中国非营利部门战略研究［M].清华大学出版社.2005.

[31]康晓光.权力的转移[M].浙江人民出版社.1999.

[32]康晓光，冯利主编.中国第三部门观察报告(2011)[M].社会科学文献出版社.2011.

[33]康晓强.社会组织与现代国家治理——基于案例的分析[M].中国政法大学出版社.2014.

[34]李春成主编.观念与治理[M].上海人民出版社.2010.

[35]李惠斌主编.全球化与公民社会[M].广西师范大学出版社.2003.

[36]李永杰.现代社会组织与社会和谐发展[M].社会科学文献出版社.2014.

[37]李巍.基于复杂性思维范式的中国非营利组织领导问题研究[M].吉林大学出版社.2012.

[38]李伟阳、肖红军.ISO26000 的逻辑[M].经济管理出版社.2011.

[39]刘鸿武，黄梅波.中国对外援助与国际责任的战略研究[M].中国社会科学出版社.2013.

[40]【美】罗西瑙.没有政府的治理[M].张胜军、刘小林等译.江西人民出版社.2001.

[41]吕晓莉等.中国民间外交的基层力量[M].中国政法大学出版社.2014.

[42]马长山.国家、市民社会与法治[M].商务印书馆.2002.

[43]廖鸿等.国外非营利组织管理创新与启示[M].中国言实出版社.2011.

[44]【美】帕特南.使民主运转起来[M].王列等译.江西人民出版社.2001.

[45]秦晖.政府与企业以外的现代化[M].浙江人民出版社.1999.

[46] 清华大学公共管理学院NGO研究所. 中国非营利评论[C].第1-13卷，社会科学文献出版社.

[47]【美】萨拉蒙等.全球公民社会[M].贾西津等译.社会科学文献出版社.2002.

[48]王建芹.非政府组织的理论阐释[M].中国方正出版社.2005.

[49]王名等编著.美国非营利组织[C].社会科学文献出版社.2012.

[50]王名等编著.日本非营利组织[C].北京大学出版社.2007.

[51]王名等编著.英国非营利组织[C].北京大学出版社.2009.

[52]王名主编.社会组织概论[C].中国社会出版社.2010.

[53]王名.社会组织论纲[M].社会科学文献出版社.2013.

[54]王绍光.多元与统一——第三部门国际比较研究[M].浙

江人民出版社.1999.

[55]【美】沃尔夫.市场或政府:权衡两种不完善的选择[M].谢旭译.中国发展出版社.1994.

[56]吴新页.城市草根政治的治理逻辑与展开[M].上海人民出版社.2010.

[57]徐莉.非政府组织与社会支持体系的构建——以艾滋病防治领域为例[M].中国社会科学出版社.2012.

[58]俞可平等.中国公民社会的制度环境[M].北京大学出版社.2006.

[59]俞可平.治理与善治[M].社会科学文献出版社.2000.

[60]俞可平等.市场经济与公民社会[M].中央编译出版社.2005.

[61]袁浩,刘绪海.社会组织治理的公共政策研究[M].广西师范大学出版社.2014.

[62]张康之.行政观念的伦理与视野[M].中国人民大学出版社.2008.

[63]张勤.中国公民社会组织发展研究[M].人民出版社.2008.

[64]张小劲,于晓虹.推进国家治理体系和治理能力现代化六讲[M].人民出版社.2014.

[65]周红云.社会资本与社会治理[M].中国社会出版社.2010.

[66]资中筠.财富的归宿:美国现代公益基金会述评[M].上海人民出版社.2006.

后　记

本书的写作缘起于我的博士论文。博士论文的主题是分析和讨论当代社会理论的性质和使命，在论文的最后，我提到社会理论必须在社会组织和社会运动中汲取营养并加以检验这一命题。也许正是基于这一点，我的导师朱红文教授，作为本丛书的主编，希望我能够以社会组织的社会责任为切入点，由此开始关于社会组织和社会运动的研究。遗憾的是，由于我所就职的北京航空航天大学思想政治理论学院刚刚成立不久，大量工作有待从头开始，我不得不一再暂停关于社会组织的研究，本书的写作也就一再拖延。作为导师和主编，朱老师理解我的难处，每每亲自向出版社解释，帮我争取时间。可是作为学生和作者，我研究"责任"却不能"尽责"，这是本书写作过程中最惭愧和最痛苦的事。感激朱老师的信任、宽容与耐心！

现在就职于中国地质大学(武汉)计算机学院的刘佳，是我的主要合作者。他在就读北航思想政治理论学院研究生时，就发表了4篇CSSCI论文，并作为骨干力量参加并完成了多项国家和北京市哲学社会科学规划课题。我欣赏他的才华与勤奋。作为他的毕业纪念，本书是我们两人合作的成果。但必须说明的是，书中的缺点和错误，完全由我负责。

高　宁

2014年12月